Sushant Kumar Dubey

Les poèmes français pour les apprenants indiens de la langue française

Sushant Kumar Dubey

Les poèmes français pour les apprenants indiens de la langue française

Les poèmes dans le contexte français - indien

Éditions Croix du Salut

Imprint

Cover image: www.ingimage.com

Publisher:
Éditions Croix du Salut
is a trademark of
International Book Market Service Ltd., member of OmniScriptum Publishing Group
17 Meldrum Street, Beau Bassin 71504, Mauritius

Printed at: see last page
ISBN: 978-613-7-36900-5

Table des matières

La France

Le pays, qui a un climat tempéré
5,670 km des frontières,
de jeunes montagnes: les alpes et les pyrénées
une très grande diversité,
Par exemple: diversité des montagnes, des fleuves,
Et,
La plus grande variété de paysages au monde,
C'est le pays qui est appelé La France.

Le pays de cinq fleuves,
tous traversent de grandes villes
tels que Paris, Bordeaux et Nantes,
Où on trouve La côte d'Azur, La Bretagne,
Ce sont les lieux préférés des peintres du monde
C'est le pays qui est appelé La France.

Le pays multi-ethnique,
qui joue, travaille, se bat ensemble
pour gagner la coupe du monde de football,
où on trouve Bernard, Martin et Durand
les noms de familles les plus répondus,
C'est le pays qui est appelé La France.

Notre Dame, La Tour Eiffel et L'Arc de Triomphe
Ce sont des monuments très célèbres dans le monde,
Où on trouve l'université séculaire de la Sorbonne,
Et,
qui attire de nombreux touristes,
grâce à ses plages, paysages et son patrimoine historique,
C'est le pays qui est appelé La France.

Le pays qui a participé
aux guerres mondiales,
qui l'ont laissé dans un état
faible, effrayant et instable,
des millions de morts, de blessés,
tous jeunes, tous les groupes sociaux touchés,
C'est le pays qui est appelé La France.

Le pays qui célèbre
Le 14 juillet, la fête nationale
qui appelle "La Marseillaise" hymne nationale,
qui a le drapeau de couleur bleu, blanc, rouge
Marianne est la femme symbolique de la république,

Et,
Où l'année commence deux fois pour les citoyens
C'est le pays qui est appelé La France.

Le pays où le chef de l'Etat est le Président,
la vie politique s'organise autour de deux blocs,
qui s'appellent la droite et la gauche,
où le parlement est composé de deux assemblées
l'assemblée nationale et le sénat,
Et,
le pays qui a fait la déclaration,
des droits de l'homme et du citoyen en 1789,
C'est le pays qui est appelé La France.

Le pays où le XVIIIe siècle,
est appelé le siècle des lumières
grâce aux philosophes Diderot, Rousseau et Voltaire,
lieu de naissance des grands visionnaires
comme: Napoléon, Briand et Jean Monnet,
le pays qui a vu naître les célèbres écrivains
comme: Albert Camus et Jean Paul Sartre,
où en 1515, le roi François 1er
réalise le rêve italien du pays,
C'est le pays qui est appelé La France.

La 5e puissance économique mondiale,
où on trouve de grandes entreprises multinationales
comme: Renault, Michelin et Alcatel,
qui a organisé le lancement du TGV et son succès commercial,
très célèbre pour les vins prestigieux et les fromages,
où les cafés, brasseries et bureaux de tabac
ouvrent toute la journée et tous les jours,
C'est le pays qui est appelé La France.

Le pays, où la religion catholique reste au 1er rang,
avec 4 million de fidèles
l'islam est la deuxième religion majoritaire,
où on trouve aussi
les religions juive, protestante et bouddhiste,
le premier pays à devenir officiellement catholique,
avec le baptême en 496 du roi Clovis,
C'est le pays qui est appelé La France.

Le pays où chaque habitant dépense en moyenne,
15,200 euros pour sa consommation annuelle
les gens lisent beaucoup plus les magazines,
tels que: Elle, l'express et femme actuelle
chaque année, il y a un festival international de films "Cannes",
qui nous donne la chance

de voir les films de différentes langues,
où au petit déjeuner,
les citoyens préfèrent boire du café noir,
C'est le pays qui est appelé La France.

Le pays qui est connu
pour l'homme de culture George Pompidou
qui a témoigné l'homme des grandes réformes de société
comme Valéry Giscard d'Estaing
Où en 1981,abolition de la peine de mort
par le président François Mitterrand
Jacques Chirac accompagne la mise en place de l'euro,
mais échoue a fait voter
l'adoption de la constitution européenne
où le président montre ses puissances
avec le titre l'hyperprésidence
par exemple: notre président actuel
"Nicolas Sarkozy"
C'est le pays qui est appelé La France.

Le pays où les sectes ont une place importante
avec 172 en nombres,
qui accueillent 400,000 membres
l'existence des superstitions est vraiment qqch. étonnantes
où le développement se passe avec la vitesse violente
les voyants et les astrologues jouent des rôles primordiaux,
parce que, les gens sont sensibles à un avenir
lu dans des tarots,
pour savoir:
qu'est-ce qui se passe dans la vie à l'avenir
c'est le pays qui est appelé la France

c'est le logement qui est aujourd'hui
la première source de dépenses
suivi par l'automobile et les transports,
et
le pays qui est connu pour son élégance

où, les gens se sont ouverts aux cuisines du monde:
italienne, espagnole, chinoise, indienne...

c'est le pays qui est appelé la France

Les grands courants artistiques
jouent des rôles très significatifs,
en faisant parti de l'histoire de la littérature française
chaque reflet son propre motif,
moyen âge marque son temps
avec idéal courtois et l'esprit bourgeois,
le classicisme a témoigné
la montée de l'austérité et du pessimisme,

maintenant, c'est le tour de la siècle des lumières
qui est connu
pour la victoire de la philosophie et les sciences,
où le romantisme ouvre la culture pour tous
puis, les surréalistes ont arrivé
avec une souhaite de réinventer la vie
la formule de Jean- Paul Sartre
«l'homme n'est que ce qu'il se fait»
évoque l'idée de l'existentialisme
à la fin, la naissance du nouveau roman
avec une volonté de recherche toujours renouvelée
c'est le pays qui est appelé la France

le pays qui comprend
le peuple des plusieurs groupes ethniques,
comme: les grecs, les gaulois et les celtes
où la banlieue n'est pas seulement
synonyme d'échec scolaires, de chômage ou de violence
mais, mes amis
c'est le lieu d'expression de la France
black-blanc-beur,
c'est le pays qui est appelé la France

l'organisation territoriale du pays
comprend en principe trois niveaux d'administration,
la commune, le département et la région
qui comptent 36, 682,101et 27 respectivement,
chaque comprend un organe délibérant
le conseil municipal, le conseil général et le conseil régional
pour exécuter bien le travail primordial
c'est le pays qui est appelé la France

le pays qui a gagné
le premier prix noble de la littérature en 1962,
grâce au célèbre écrivaine Sully Prudhomme
Edith Cresson devint la première femme
à accéder au siège du premier ministre,
où Charles De Gaulle revient au pouvoir
avec le premier président de la cinquième république
après avoir passé des années
comme «la traversée du désert»
et,
un des très célèbre personnage Zinedine Zidane a réalisé,
la rêve de gagner le coup du monde de football en 1994
c'est le pays qui est appelé la France

Il y a un conflit
que l'on trouve par rapport aux cuisines
au nord, la préférence pour la cuisine au beurre
montre l'opposition aux cuisines à l'huile du sud

qui témoigne aussi la bataille du goût,
entre «la mal bouffe» et «la bonne bouffe»
selon moi, côté goût, ce n'est pas mieux
parce que, le pays se partage entre deux goût différents
chaque région correspond à sa propre spécialité
par exemple: le sud-ouest avec sa célèbre cassoulet
et, le centre-est, pour le poulet de Bresse
les alpes offrent la fondue et la raclette au fromage
et, le midi est connu pour sa salade niçoise
c'est le pays qui est appelé la France

le peuple a une bonne connaissance du goût
selon son âge différent,
les 19-29 ans, aiment le couscous et le steak-frites
les 30-39 ans, apprécient les plats régionaux «la choucroute et le cassoulet»,
la foie gras et le magret de canard sont très savoureux
pour les 40-49 ans,
les 50 ans et plus
adorent les fruits nature,
c'est le pays qui est appelé la France

En 1981,après l'arrivée au pouvoir des socialistes
qui a témoigné un mouvement des radios libres
la conséquence:
des centaines de radios se créent,
sur tout le territoire
comme: radios thématiques et musicales,
où on trouve six grandes chaînes à la télévision:
France 2, France 3,canal+,TF1,M6 et la 5e
la presse quotidienne se partage
entre les journaux nationaux et les journaux régionaux,
par exemple: le monde, le figaro, le progrès de Lyon...
les gens sont tombés amoureux des magazines
qui se trouvent sous différents titres,
comme magazines d'actualité «L'Express» et féminins «femme culturelle»
c'est le pays qui est appelé la France

Avec 180 millions de spectateurs et 4000 salles
En Europe, le cinéma occupe la première place
et, les médias lui consacrent beaucoup de place
où le film est un objet de débat et d'analyse
Dans les années 1950,
la nouvelle vague va bousculer
toute l'esthétique du cinéma mondial,
avec François Truffaut et Jean-Luc Godard
c'est le pays qui est appelé la France

La musique est un art très populaire
grâce aux musiciens et leur goût pour la recherche
au XVIIe, Lulli fixe les règles de l'opéra

et, Rameau établit au XVIIIe siècle
les bases de l'harmonie moderne
Berlioz bouleverse la symphonie et Bizet l'opéra,
de nombreux festivals d'été
sont consacrés à la musique ou à l'opéra
c'est le pays qui est appelé la France

le pays par sa population
ne représente que 1% de la population mondiale
sa superficie ne couvre que 0,4% déterres émergées,
pourtant,
elle demeure l'un des pays les développés du monde
et aussi, quatrième puissance économique et commerciale mondiale
sa langue est aujourd'hui la langue officielle
et,
la langue de travail d'organisations internationales «ONU, UNESCO»,
c'est le pays qui est appelé la France

Un des fondateurs de l'union européenne
grâce aux personnalités Jean Monnet et Robert Schumann,
où on trouve le siège du parlement européen
et, aussi l'organe exécutif de l'union «la commission européenne»
qui était la deuxième puissance coloniale du monde,
pendant la période de la troisième république
mais aussi montrez la faiblesse,
avec la crise économique«1973-1993»
c'est le pays qui est appelé la France

les citoyens travaillent en moyenne
1700 à 1800 heures par an,
avec cinq semaines de vacances
où les jeux de cartes ou de société,
ce sont les activités très pratiquées
les gens dépensent en moyenne
1200 euros pour leurs activités culturelles,
comme: achat de livres, de presse et de magazines
c'est le pays qui est appelé la France

l'un des premiers pays à avoir créé
un ministère de protection de la nature et de l'environnement,
et, le forêt s'étend sur 16 millions d'hectares
avec des livraisons annuelles d'environ 850,000 tonnes de poissons,
le pays se place au quatrième rang de l'union européenne
où l'agriculture connait un essor remarquable,
la première bénéficiaire de la PAC
qui contribue 3% du G.D.P
avec l'exportation du sucre, vin, blé...
c'est le pays qui est appelé la France

le gouvernement prend soin de tous

cela vaut dire:
pour couvrir les dépenses de santé
en cas de maladie, de maternité...
la sécurité sociale a été créée en 1945
où les gens profitent eux-mêmes
en recevant somme d'argent pendant la retraite
et aussi,
l'avantage d'allocations familiales pour le bonheur des familles
mais, l'augmentation de la population d'immigration,
considère responsable pour le fort chômage d'aujourd'hui
qui sera être une grande menace,
pour le pays à l'avenir
c'est le pays qui est appelé la France

la relation avec l'Inde est très amicale
juste comme deux corps une âme
dans tous les aspects "officiels et personnels"
où sa langue est la première langue étrangère
voilà! quatre fois la présence des chefs d'états,
aux cérémonies du jour national de l'Inde
en défense, qui a le plus gros contrat
de toute l'histoire de l'aviation de combat
avec 126 appareils estimé à 9,2 milliard d'euros
c'est le pays qui est appelé La France.

Le Journal

Ensemble de feuilles de papier imprimées
qui donne des informations
dans plusieurs domaines
par exemple: les renseignements concernant
l'élection présidentielle de 2012 en France,
le mort de vedette de la musique pop "Michael Jackson"
ou bien, remportant la coupe du monde du cricket par l'Inde
et, paraît tous les jours
qui, naît en Italie
mais, aujourd'hui
cela trouve partout au monde
et fait une importante partie de la presse
à qui on appelle "le journal"

Plusieurs événements se passent au monde
JOUR ET NUIT
qui sont très pertinents
pour chacun de nous
parce que, c'est l'ère de la mondialisation
où, on doit avoir
la connaissance de tous
et, c'est le journal
qui nous donne des informations

de chaque instant
en toute connaissance de cause.

les journaux sont très utiles
qui nous transmettent des nouvelles
avec les meilleures opinions
de célèbres personnalités et du peuple
sur les sujets importants et intéressants
associés à la vie quotidienne, au national, l'international...

Tous sorts des lecteurs
reçoivent des informations pour eux-mêmes
il y en a de grandes variétés
liées à la vie sociale, la politique, la scientifique...
et garde aussi des espaces
pour faire la publicité
concernant de différents domaines
comme: la publicité des produits associe à la vie quotidienne;
des savons, des vêtements...
ou bien, des institutions liées à l'éducation
avec des informations nécessaires
pour faciliter notre vie

Il a joué un rôle primordial
dans la guerre indienne de l'indépendance
les journaux comme:
Amritbajar patrika, Kesari, Azad...
publièrent des articles, des essais...
concernant les problèmes graves d'Inde
qui ont bien unifié des Indiens
pour lutter contre
les injustices du gouv.
avec le but de remporter l'indépendance

C'est un télescope
qui nous approche d'événements se passent
trop loin de nous
devant nos yeux, à l'instant
et aussi, à prix économique
c'est le meilleur moyen
d'améliorer la langue
et d'enrichir le vocabulaire

Un appel aux étudiants:

Si vous voulez réussir
au concours régional, national...
et d'être aux anges
devenez un lecteur régulier d'un journal
parce que, c'est un miroir
qui reflète tous
qui se passent à l'univers
Ouah! Quelle grande importance!

vraiment,
  nous ne pouvons pas vivre sans vous
vous nous êtes nécessaire!

Le Village

Groupe d'habitation à la campagne
  plus grand qu'un hameau
mais plus petit qu'une ville
  et qui possède
une mairie, des commerçants, des artisans...
  c'est l'endroit tranquille
qui nous transforme dynamique
  comment? vous allez remarquer
plus tard!
  ce sont les caractéristiques
qui définissent le village

C'est le lieu
  où, la nature apparaît
très proche du cœur
  grâce à l'ambiance
qui ne trouve pas d'ailleurs au monde
  après avoir l'expérience
la vie fatigue de la ville
  on a toujours envie de voir
la verdure du village
  que nous rend plus frais
refroidir un peu
  et nous donne la chance
de respirer l'air frais
  Quel beau village!

La culture, la coutume d'un village
  apparaissent les meilleures au monde
parce qu'il garde et très attaché
  à ses traditions particulières
sans influencer par la culture de dehors
  les gens sont pleins d'amitiés
et traitent tous, avec beaucoup de politesse
  ils prêtent toujours à accueillir
qui veulent témoigner, apprécier
  la beauté du village
avec leurs salutations amicales.

Personne ne se sent
  bizarre, étranger
même si, vous entrez
  à la première fois au village
vous serez considéré
  comme un membre de la famille

et accueilli avec beaucoup de respect, la chaleur...
vive! le village!

Le village joue un rôle très important
dans la protection de l'environnement
en maintenant l'équilibre écologique
il encourage à planter de nouvelles plantes
et garde de vieux arbres
pour qu'on soit protéger nous-mêmes
des effets mal de la pollution
et des rayons nocifs du soleil

N'oubliez jamais votre village
en attrapant dans la vie d'une ville
qui bouge avec la vitesse du T.G.V
je dis cela, voyant la situation actuelle
où, les conditions rendent difficiles
devant les villages
à cause de notre négligence
vers cet endroit merveilleux
on trouve rarement
la facilité d'électricité, de la rue, des moyens de transports...
qui n'est pas juste
pas du tout!

Je lance un appel à tous
prenez soin de votre village
qui a joué un rôle incroyable
au passé, joue aujourd'hui
et bien sûr, jouerez à l'avenir
dans votre vie
croyez-moi!

L'amitié

L'homme est un animal social
qui ne peut pas vivre
sans avoir la compagnie
de partager la joie et la tristesse
avec les sentiments d'affection, de bienveillance
pour vivre la vie à l'aise
ce sont les sentiments
qui définissent l'amitié

C'est la vérité forte
chacun de nous est différent
mais, il y a des similarités communes
qui établissent cette relation amicale
et rendent deux corps une âme
d'avoir la grande source de joie dans la vie
et c'est, un vrai ami

il ajoute le bonheur

au moment agréable
et partage la tristesse
au temps délicat
qui donne la présence claire
sans ambiguïté
et bien sûr,
avec la confiance forte et durable
Quel, rapport amical!

L'amitié, c'est le soif de l'esprit
que nous rend plein d'inquiétude
Jusqu'à on ne trouve pas, un vrai ami
Pour qui on a de l'affection, de la sympathie
par exemple: l'amitié pure
entre Ram-Sugriv, Krishna-Sudama...
s'entend par presque toutes les oreilles
Quel plaisir de voir un visage ami!

Selon le poète "Dinkar"
l'amitié est un précieux bijou
et personne ne peut la mesurer
sa grande valeur
si on parle de bible
on voit la phrase
un vrai ami
est un médicament pour la vie
selon les israéliens
un vrai ami
est un cadeau sacré de dieu
tout cela nous dit
l'importance de l'amitié
pour chacun de nous
dans la vie
Ouah! Quelle importance!

La vraie amitié
remplit la vie avec plein de bonheur
et si cela fausse
puis, cela rend la vie pénible
et vous fondez en larmes
avec le cri de peine
nous savons bien
c'est dans le besoin
qu'on reconnaît les vrais amis
c'est-à–dire:
quand, vous entourez par des problèmes
vous trouvez toujours
un vrai ami avec vous
pour vous sortir
de la vie de tristesse
et vous rend en confiance
d'affronter bien les problèmes

C'est la relation forte

comme le sommet Mont Blanc
mais, au même temps, faible
comme le caractère d'être humain
alors, ne fait jamais mal
qui heurte cette relation sacrée
à tout prix
et soyez un ange!

La Corruption

La maladie de l'esprit
qui se transmet facilement
parce que, c'est la maladie transmissible
les gens qui vivent sous son influence
pensent à devenir
un roi, à l'instant
sans peine, sans se donner de mal
juste par de pires méfaits
parce qu'elle fait vous agir
contre votre conscience ou le devoir
c'est la maladie
qu'on appelle "la corruption"

les effets massifs et inquiétants de cela
sont lisibles et visibles
partout au monde
dans les journaux, devant nos yeux
tous, à partir d'employé
jusqu'au patron
se trouvent
sous l'influence de cette maladie
et réagissent comme des infantiles
sans penser et réfléchir
d'avoir la satisfaction
même si, ça reste
pour une durée courte
et les effets sont néfastes
oh! là là! Quel dommage!

Plusieurs questions
cherchent les réponses
pourquoi se passe?
même si, c'est mal!
Quelles sont les raisons responsables?
Est-ce que le gouv. agit
dans une manière concrète d'arrêter cela?
Les corrompus sont punis
pour faire des méfaits?
Pensez bien de tous cela
et examinez attentivement
les conséquences désastreuses
de cette maladie, suivantes:
Comment les habitants et leurs pays

portent la douleur insupportable
  donnée par cela?
c'est-à–dire:
  l'augmentation dans le taux
de pauvreté et de chômage
  les pays se trouvent incapables de devenir
les pays développés
  où les gens n'ont pas de quoi vivre
les riches, deviennent plus riches
  et les pauvres, plus pauvres
cela montre, la crise sociale
  semble avoir atteint son apogée
se passent
  à cause de cette grave maladie
parce que, de jour en jour
  les gens la vivent
comme c'est l'honneur, pas de crime

Faites attention
  cela vous mène la vie dure
et ça sera la ruine de vos espérances
  bientôt, vous allez être
une personne détruite
  alors, risquons le tout pour le tout
pour guérir très bien cette maladie

Je lance un appel à tous
  les accusés et les innocents
il faut mettre fin
  à cette pénible affaire
je sais, mes amis
  c'est un travail minutieux
qui demande de la patience
  mais, on n'est pas en sucre
on peut arriver à traiter cette maladie
  avec nos honnêtes efforts.

Le Naxalisme

Les actes de violence
  contre des innocents, des civils...
qui détruisent le bonheur, la famille,
  les relations amicales
cela fait de la peine aux gens
  et crée la situation pénible
qu'on voit, se sentir
  aux yeux des gens
qui endurent de grandes souffrances de cela
  ce sont les actes horribles
qui définissent "le naxalisme"

L'inquiétude de rester à la maison,
  tout le temps

comme qqn. est enfermé
et privé de liberté,
la peur d'affronter
la situation mal,
vis la vie de misère
dans la solitude,
disparais des états de bonheur, la paix,
et romps la relation avec la société
ce sont les conditions des gens
qui vivent sous l'influence de naxalisme
vraiment, c'est la vie très pénible!

Pourquoi les gens font ces actes
même s'ils détruisent la vie
avec ses mauvais effets
pourquoi, savez-vous?
c'est une question de vie ou de mort
je vous dis la raison
ce n'est pas complètement
la faute des gens
qui font ces actes terrifiants
mais, c'est la situation
qui oblige les gens
à commettre ces méfaits
je parle d'une situation actuelle
où, on trouve deux côtés du monde
D'un côté:
manque des besoins primaires:
la nourriture, les vêtements, le toit...
D'autre côté:
pot de vin, la corruption...
pratique de toute façon illégale
d'avoir la vie confortable
puis, je vous demande
Est-ce que c'est acceptable
de blâmer les gens
pour ces actes abominables?
croyez-moi!
personne ne veut faire mal
et tous veulent vivre
cool et calme
d'après moi,
le faible et le mauvais système du gouv. est responsable
pour tous cela
des idées étroites, mal pensées...des dirigeants
qui pensent seulement d'eux-mêmes
pas de peuple
les coupables vivent la vie de luxe
et les innocents, la vie pénible
parce que, le système judiciaire fonctionne
comme un aveugle
et totalement, sous l'influence du gouv.
RAS-LE-BOL! On en a assez!

Si on veut vraiment sortir
de mal effets de ces actes
puis, on doit avoir
des droits et des devoirs égaux
et ils doivent fonctionner aussi
sans aucune discrimination
et traitez l'un l'autre
d'égal à égal.

Je vous dis à tue-tête
ne faites pas la sourde oreille
quand je vous parle!
si vous voulez se réveiller
fraîche comme une rose
après avoir passé
la nuit blanche
cela vaut dire:
faites-vous
ce que vous pouvez
avec la croyance forte
d'arrêter ce terrorisme aveugle
et d'avoir beaucoup de joie de vivre.

La Guerre

Les faits amers et connus de terme "la guerre"
qui donne depuis le début jusqu'à la fin
seulement la souffrance et la tristesse
sa présence toujours vous inquiète
parce qu'elle oblige la paix à disparaître
avec sa présence douloureuse
jusqu'à maintenant, je cherche la raison
pourquoi se passe à travers le monde
si, c'est 100% contre notre bonheur
et la grande menace pour les générations à venir

On a déjà témoigné
et aussi devient parfois, victime de cette cruauté
qui veut toujours casser, la relation amicale
sans avoir la raison raisonnable
juste pour montrer la puissance et prendre la vengeance
oh! là, la! Quel dommage!
et bon sang! bon sang!
font par des gens
de nos propres sang et âme
c'est honteux!
un appel à vous
on a besoin d'une forte unité parmi nous
parce que, on sait bien
l'unité fait la force
pour arrêter ce type de mal pratique.

Elle montre sa présence
sous différentes formes
par exemple: la guerre froide, les guerres mondiales...
la première effectue
par la voix sévère, les arguments graves
et la suivante,
par les armes de destruction massive
mais, les choses pareilles dans tous les deux cas
les gens supportent mal
la domination du tyran qui les gouverne
et les effets de mal pensée, l'atroce crime
pendant la guerre
Oh! c'est un cas de vie ou de mort.

Pensez une centaine de fois
avant d'entrer à la guerre
parce que, vous êtes venu sur la terre
pas pour étendre la violence
mais pour établir
des relations amicales avec les autres
et créer l'environnement pacifique
où, tout le monde voit
tout en rose.

c'est vrai, les aspects négatifs ont souvent
la forte influence
mais, mettez en tête
ils peuvent ruiner la vie entière
on voit cela,
si on parle de la guerre
c'est le commencement
de la destruction de belle vie
et pourrait détruire la planète entière "La Terre"
qui est très précieuse
pour chacun de nous
donc, faites l'amour, pas la guerre
en gardant à l'esprit
la parole de Voltaire
cultiver votre jardin.

Nous sommes au XXIe siècle
pourquoi nous voulons répéter
mal du passé
même si, on sait bien
c'est injuste et insupportable
c'est vrai, on apprend par notre passé
mais strictement cela applique
pour de bonnes choses, pas mal
qui sont essentielles

pour le progrès, le bonheur et l'affective relation
parmi les gens et leurs pays.

c'est le fait normal
personne ne veut participer à la guerre
mais à cause de certains groupes
des étroits d'esprit et des cerveaux brûlés
qui ne veulent pas voir
la paix, la fraternité, le développement des gens et du pays
et essaient de les déranger
par mal pratique comme la guerre
quel dommage!
il faut les arrêter en tout cas
et le gouvernement qui laisse faire
c'est la honte !

juste imaginez
s'il n'y aura pas de guerre
comment la société, le pays, les gens vont apparaître
la réponse est très simple:
tous les visages qui forment la société et le pays
brillent avec le sourire vivant
comme tout le monde a réalisé son rêve
et, il y aura une croissance forte
par rapport à tous les domaines
associés aux gens et aux pays
parce que, la tension est la racine de la guerre
qui ferme les esprits de l'humain
s'il n'y aura pas de guerre, il n'y aura pas de tension
alors, la vie restera calme et cool.

A la fin,

je lance un appel à vous
essayez d'étendre le bonheur
autant que possible
pour réduire la douleur
donnée par la guerre
et, aussi, jurez de n'être jamais en guerre
à l'avenir.

La discrimination

Les yeux apparaissent rouges
en rencontrant cette malfaisante
qui ne veut jamais voir
un visage souriant
le corps cherche toujours
l'endroit en silence,
l'esprit trouve tout le temps

sous l'influence de la tristesse et la dépression,
les persécutés considèrent eux-mêmes
hors de la société
et la malédiction de dieu
pour faire mal au passé
mais, ce n'est pas du tout vrai
le dieu n'a pas donné cette punition
qqns. parmi nous
et leurs mal pensées
qui sont responsables
de rendre la vie très pénible
par cette mal pratique "La discrimination"
qui donne la douleur insupportable
et surchauffe les esprits.

Pensez au moins une fois
avant de faire ce crime
qui détruit la paix
et vous emmène
au monde de violence et la peine
où, vous ne serez jamais content
et votre identité perd toutes ses valeurs
vous savez bien
sans identité
vous ne serez jamais devenir
un membre de la société au monde
puis, quelle est la valeur de votre existence
putain! vous allez être
comme une âme en peine!

Juste imaginez le monde
sans cette malfaisante
je sais bien, vous avez déjà dû l'expérience
la présence de bonheur, la fraternité...
partout et tout le temps
le contentement d'être
un membre de la belle société
avec une identité forte et ses propres valeurs
où, les gens prêtent toujours à prendre
soin de vous, au temps difficile
sans penser et réfléchir
et les gens sont fiers et excités.

Maintenant, je vous pose une question
quel monde aimez-vous?
avec la discrimination ou sans discrimination
c'est-à–dire:
avec bonheur ou sans bonheur, l'identité...

C'est la vérité amère
la discrimination a plongé

notre vie dans le chaos
mais, ne vous inquiétez pas
même si, les ennemis sont en force
qui font les quatre cent coups
si vous voulez réussir à éviter le pire
le gouv. doit châtier les coupables
et le peuple doit traiter
les uns les autres
avec une grande affection.

La Famille

Ensemble formé par
le père, la mère et les enfants
ou bien, ensemble de personnes liées
par le mariage, la naissance et l'adoption
ce sont les liens et les personnes
constituent la famille
l'unité, la solidarité, la coopération...
doivent être présentes parmi les membres
d'avoir une famille contente.

Comment personne
se sent, comprendre
les sentiments de l'un l'autre au monde
on peut voir cela clairement
dans une famille heureuse
où, tout le monde
prend soin de l'un l'autre
et le problème d'un membre
considère comme un problème de tous
alors, tous essaient ensemble
de résoudre le problème
avec beaucoup de ressort
et plein d'espoir
Quel amour! Quelle belle famille!

De nos jours
on voit division dans la famille
cela vaut dire:
la volonté de vivre
de façon séparée, à part l'un de l'autre
à cause des raisons égoïstes
de quelques membres de la famille
qui est un grand obstacle
devant la famille contente
même si, on sait bien
plus on est de fous
plus on rit
Oh! là, là! quel dommage!

Aujourd'hui,

un membre veut vivre séparément
demain peut-être un autre
et, si cela continue
puis, un jour cela peut faire disparaitre
le concept de la famille
cela me heurte beaucoup
je pose une question à tous
qui sont responsables pour tout cela
pourquoi, pensez-vous
seulement de vous-même?
pensez une fois de votre famille
qui prend soin de vous
et votre chaque désir
depuis votre naissance
et renonce tous ses intérêts
pour vous mettre à l'aise
et d'avoir une vie agréable
puis, vous allez comprendre
ce que vous faites
c'est justifiable ou non?

j'ai une requête à tous
arrêtez tous
qui heurtent
les sentiments de la famille,
en tout cas
si vous voulez vraiment
voir et avoir une famille contente
pour vous et les générations à venir
vive la famille!

Si vous n'avez pas encore
l'expérience de vivre dans une famille
essayez d'avoir une expérience
puis, vous allez se sentir
le besoin et l'importance de la famille
et comment les membres vivent ensemble
avec une grande satisfaction
en voyant l'un l'autre content.

La cause et la conséquence de l'hésitation

Si votre voix tremble devant les filles
vous n'exprimez pas vos idées
selon l'expression, "Doucement mais sûrement"
essayez de cacher vous-même
voyant la foule
cherchez toujours la chance de disparaître

pour échapper des présentations, des débats...
et souvent, vous avez mal à la gorge
pas vraiment, mais cela apparaît
par votre apparence
se passent mes amis
parce que, vous ne permettez pas
les mots de sortir de votre belle bouche, clairement
qui est un grand obstacle
au progrès de votre vie
croyez-moi!

Essayez d'avoir le traitement
juste au début sans retard
quand, cette maladie vous a attrapée
parce que, c'est le fait universel
Bien commencer amène à bien terminer
si vous ne traitez pas à l'heure
vous ne pouvez pas vivre LA TETE HAUTE
mais, avec la tête baisse
étant honteux, malheureux
à cause de cette maladie
alors, si vous voulez garder LA TETE FROIDE
vous vous mettez en tête
de traiter la maladie en tout cas.

Quelqu'un qui subit les conséquences de cette maladie
peut seulement savoir et se sentir
les effets mal de cela
chaque moment apparaît comme un an,
votre gorge cherche toujours
une goutte d'eau,
le battement de cœur
à la vitesse du T.G.V,
sa peur apparaît
comme une PEUR BLEUE des araignées,
et plus forte et violente
comme des vents mistral et tramontane
finalement, la plus mauvaise effet de cela
pas de différences
entre bon et mauvais
parce que tous apparaissent mal
se passent
parce que, le cerveau perd son existence
en entendant de la présentation, la discussion...
croyez-moi! c'est 100% vrai
parce que, j'ai déjà
infini nombre d'expériences de cela

J'ai une requête à tous
qui sont touchés par cette maladie
ne pensez jamais de sortir de cela
avec l'aide des médicaments
si vous voulez vraiment battre cette maladie

commencez à parler, discuter
à partir de maintenant
avec vos amis et les profs.
faites-moi confiance
vous auriez le bon résultat
bientôt ou plus tard
et progressivement
vous serez trouvé vous-même
dans la liste de bons parleurs, animateurs...

La Mère

Le mot "La Mère" comprend
des sentiments, des pensées
de meilleures valeurs et sacrés
qui apparaissent
au-delà d'imagination et incomparable
pour tout le monde
oui, mes amis
c'est 100% vrai
parce qu'elle a le même but pour tout le monde
la joie, le développement de nous
en pardonnant chacun de nous
pour les méfaits
et sacrez avec les meilleures bénédictions
pour le progrès
dans la vie sans arrêt
elle nous aime de tout son cœur
et mène une vie de chien

Est-ce que vous comprenez maintenant?
mes amis!

C'est difficile à mesurer
la longueur, la largeur et la profondeur de
ses amours immenses, vers nous
qui volent toujours
comme les oiseaux dans le ciel
pour nous rendre content
par ses effets émouvants
Quel amour!

Quelqu'une qui supporte
la douleur insupportable
depuis le temps de votre naissance
jusqu'à la dernière respiration de sa vie
au visage souriant
juste pour le but
de nous voir content
ne la heurte jamais
qui pense toujours le meilleur de vous
et prête à sacrifier tout

de façon désintéressé, en tout cas
c'est pourquoi, on l'appelle
la mère poule
vraiment, l'amour d'une mère est irremplaçable
qui a le cœur sur la main
Oh! vous êtes la meilleure au monde "La Mère"

C'est le fait universel
et 100% concret
la mère est l'incarnation de déesse
sur la terre
cela montre, vous avez de la chance
de voir, rencontrer et prier la déesse
qui est toujours devant vous, tout le temps
puis, attendez-vous qui?
remplissez sa vie
avec la joie illimite
prenez soin d'elle
tout le temps
et soyez avec elle
comme le corps et son ombre
faites cela, sans aucune doute
parce que,
c'est le travail le plus sacré au monde
croyez-moi!

Si vous voulez vraiment faire
de meilleures choses ans la vie
et d'avoir l'expérience de la vie au paradis
sacrifiez votre vie
pour le bonheur de votre mère
qui est jolie comme un amour
et c'est la meilleure manière
de vivre la vie
selon moi !et quoi de vous?

Le jeu de football

Le jeu qui est connu
comme le roi des sports
à travers le monde
surtout aux pays européens
par exemple: La France, L'Espagne, L'Allemagne...
qui sont fous de football
c'est-à–dire:
les gens adorent le jouer

et c'est la meilleure activité
  pendant leurs moments de loisirs
c'est le sport qui oppose
  deux équipes de onze joueurs
où, il faut faire pénétrer
  un ballon rond
dans le but de l'équipe adverse
  et bien sûr, sans utiliser les mains

Le jeu
  qui rapproche des gens
de différentes races, ethniques
  on voit cela,
quand les joueurs
  de différentes origines
se travaillent, se battre ensemble
  pour gagner la coupe du monde de football
avec les soutiens énormes des spectateurs
  pour l'équipe
qui leur semblera la meilleure
  à tout crin, à tous crins...
et certainement,
  avec un amour passionné
et des fous rires
  donc, c'est le meilleur exemple
de voir et témoigner l'unité
  et on sait bien
l'union fait la force
  cela montre, c'est un jeu
qui renforce aussi
  l'unité parmi les gens.

Les joueurs donnent les apparences
  en courant vers un ballon rond
comme un pêcheur attrape des poissons
  avec la détermination forte
cela paraît le même
  quand on remarque
l'attention intense des joueurs
  portée sur un objet "football"
qqn. qui est fort
  physiquement et mentalement
et d'avoir une grande force de caractère
  peut seulement réussir à devenir
un membre actif de l'équipe de football

La popularité du jeu
  à travers le monde
est visible et claire
  voyant chaque coin du monde
où, on peut trouver
  des gens de différents âges
jouent avec un ballon rond
  avec l'enthousiasme et une grande vigueur

qui apparaît au-delà d'imagination
et veulent devenir
comme leurs favoris footballeurs
Zinedine Zidane, Kaka, Ronaldo...
ce jeu a aussi témoigné
un grand succès commercial
qui remporte d'argent immense
avec le but de plaire aux spectateurs

J'ai une petite requête à tous
les enfants, les jeunes et les vieux
il faut faire un peu de sport
d'être sain de corps et d'esprit

Jetez un coup d'œil sur le jour de l'Indépendance au fil du temps

Je parle d'une période historique
quand l'Inde était
sous le règne d'Angleterre
et putain! c'était l'époque affreuse
qui a témoigné
beaucoup de morts, de souffrances
l'écho de voix sévère et pénible
contre les terribles injustices,
les larmes inondaient les visages,
l'esprit consolait toujours lui-même
d'avoir un changement
de vivre en liberté
avec le sens de la fierté
comme les oiseaux pépient et volent dans le ciel
indépendamment, sans aucune contrainte

C'est la preuve historique
qui montre avec la raison concrète
l'attitude brutale et l'infâme des Anglais
et comment ils avaient soif
pour rendre notre vie en silence
juste pour montrer la puissance
et d'avoir la richesse
cela définit aussi
la vérité forte d'une phrase suivante
toute honte bue par rapport aux Anglais

Les sacrifices firent par des révolutionnaires
comme: Bhagat Singh, Ranilaxmi Bai...
pour nous sauvegarder
de la vie des esclavages

et sacrés avec le visage souriant
qui était l'un des importants outils
pour lutter contre
l'attitude affreuse des Anglais
parce que, on était en mal de bonheur
pendant ce temps-là
même, aujourd'hui
je salue
ces héros nationaux
avec une grande fierté
et c'est l'apothéose de ma vie

Le temps grave et la situation humiliante
devant l'Inde et ses habitants
quand, nous sommes défavorisés de tous les droits
et exploités sévèrement au nom d'emploi
les femmes se cachaient
au sein de quatre murs de la maison
les enfants oublièrent la définition de l'enfance
en vivant la vie
comme travail des enfants
les hommes faisaient le travail de routine
pour gagner à peine, moyens d'existence
Quel dommage!
C'est l'histoire authentique
des habitants de l'Inde

Un jour vint
l'Inde est libéré
du régressif contrôle des Anglais
c'était le 15 août 1947
après avoir lutté bravement
d'avoir l'indépendance, pour longtemps
et finalement,
les Indiens ont une grande expérience
du sens incroyable de la liberté
l'atmosphère immergée au bonheur
avec la satisfaction
d'avoir l'indépendance
tous les visages rirent aux larmes
avec l'espoir
d'avoir un brillant avenir
après avoir le cafard!

Mais, une vérité amère
voyant la comparaison
entre le sens de liberté d'aujourd'hui
et la liberté qu'on a eu avant 64 ans
je trouve beaucoup de différences
avant, c'était le symbole de l'unité et de la fraternité
mais aujourd'hui, cela devient un synonyme
de corruption, de tension et de faiblesse

où, tout le monde
veut dominer les uns les autres
dans tous les domaines, en tout cas
même si, c'est mal!

J'ai une requête à tous
pensez au moins, une fois
des combattants de la liberté
qui ont lutté contre les injustices,
la vie entière
et même, plusieurs morts
pour que nous ayons
l'environnement pacifique
où, on peut vivre
avec un sens de liberté et de fierté
si mes yeux m'emplissent de larmes
en pensant cela
je suis sûr
vous serez aussi
dans un même état comme moi
alors, ne fait rien de mal
qui rend qqn. triste
et versez des larmes de joie
où, tout le monde vit ensemble
tranquillement et avec le bonheur
et dessinez l'Inde de votre rêve.

L'école

Lieu où est donné
un enseignement à un groupe de personnes
et considérée comme
la base de la croissance pour elles
qui s'inscrivent au début de leur vie
dans ce lieu de l'éducation
avec la volonté de devenir
un homme à succès
à l'avenir
c'est le lieu
qu'on appelle l'école

Le but de l'école
étendez l'éducation et portez le bonheur
qui est aussi un des importants aspects
de chacun de nous
elle vous enseigne
depuis vous êtes à l'état d'inconscience
et inconnu à tous, devant vous
plus tard, transformez-vous
à l'état de conscience
qui sera capable de

penser meilleur de lui-même
et également de la société
Quelle meilleure objective!

Le besoin de l'école est très important
pour le développement de nous et d'un pays
comment? je vous dis,
à l'aide d'un proverbe suivant
bien commencer
amène à bien terminer
vous savez bien
l'école est la première étape
de devenir un homme poli et courtois
à l'avenir
alors, si on commence bien
puis, la reste sera aussi bien
oui ou non?

Aujourd'hui, on trouve
plusieurs gens au chômage
qui est directement responsable
pour le bas développement
dans le secteur de l'éducation
si, on aurait bien éduqué
on peut trouver
le boulot de notre choix
en tout cas
et progressivement
nous serons sortir
de la crise du chômage
Quelle belle idée!

Cela montre
avec une forte preuve
l'importance de l'école
pour tous, présentent sur la terre
comme la nécessité de l'oxygène
pour la vie!

Les situations, les sentiments
qu'on rencontre à l'école
sont vraiment
incroyables et inoubliables
le cri de joie, de douleur...
l'anxiété d'entendre
la sonnerie de la fermeture de classe
et la distribution de la nourriture
parmi nos amis
qui se trouvent toujours
pendant la vie de l'école.

Les Vacances

Période d'arrêt de travail, des occupations habituelles
et le début du bon temps de repos, de joie...
c'est la période qu'on appelle "les vacances"
Ouah! il faut en profiter!

Après avoir fait le travail
comme des bêtes
qui a vraiment fait notre vie fatiguée
mentalement et physiquement
c'est les vacances
qui nous donnent la chance
de rendre cool et calme
sans avoir l'inquiétude
de faire une lourde tâche
c'est pourquoi on les appelle
la période de plaisir, le divertissement...
et Ah! c'est le temps de la vie
qui ne s'occupe
ni par le travail, ni par le sommeil

Pensez bien!
de la tension des étudiants
de faire le devoir,
l'obligation de se réveiller
très tôt, le matin
regarde la télévision
en voyant la montre, chaque seconde
l'anxiété des employés
d'exécuter des ordres du patron
sans faire aucune excuse,
se passent, quand
on n'est pas en vacances
Oh! là, là! Quel dommage!

Mais, avec le commencement des vacances
toutes les ordres, les tensions, les obligations...
deviennent sans valeurs
et, il y a seulement la présence de liberté partout
de faire des choses selon vos désirs

Ne pensez jamais
les vacances sont seulement
la période de s'amuser, se rafraîchir
on profite beaucoup
de cette période de loisir
vous savez bien
et aussi, c'est le fait universel
Bon état et bon fonctionnement du corps
qui est le but principal des vacances.

La Fête "Le Noël"

Fête religieuse
  que les chrétiens célèbrent le 25 décembre
en souvenir de la naissance
  d'un fondateur de la religion chrétienne "Jésus-Christ"
qui est né à Bethléem
  et mourut à Jérusalem
et, c'est le jour
  quand, les enfants décorent le SAPIN DE NOEL
avec des boules et des guirlandes
  et croient au PERE NOEL,
au personnage légendaire
  qui est censé descendre des cadeaux
par la cheminée
  au cours de la nuit de NOEL
et Ouah! l'environnement l'écho
  des noël à la messe de minuit
c'est la fête
  qu'on appelle ''LE Noël''.

Toute la famille réunit
  la nuit de Noël
pour le réveillon de Noël
  et les membres se regardent, se rencontrer
au visage souriant
  on sent
les sentiments d'affection, de tendresse
  entre eux
et chacun apparaît joli
  comme un amour
et s'amusent beaucoup ensemble
  avec le but de unir leurs forces
pour résoudre
  toutes les difficultés facilement
avec les bénédictions de Jésus-Christ

La vie de Jésus-Christ
  était la vie pleine de sacrifices
qui a mené une vie de chien
  et supporté
la douleur insupportable, la vie entière
  pour rendre notre vie contente
et, qui haïssait des péchés
  mais, pas des pécheurs
et montra la bonne voie
  pour vivre en paix,
devient un homme religieux
  et d'être beau comme un dieu

Ah! Quelle belle vie!

Au temps actuel
 où, on trouve partout
la domination de violence, le crime, la peine...
 toutes sortes de pires méfaits
voyant cela,
 plusieurs questions frappent l'esprit
est-ce qu'on a oublié
 les sacrifices, les messages de Jésus-Christ?
Pourquoi on domine l'un l'autre
 pour de mauvaises raisons?
Pourquoi on veut heurter, casser
 le bonheur des autres?
Est-ce que ça nous donne le plaisir?
 Est-ce que c'est juste
de penser seulement de vous-même
 comme un homme intéressé?

Pensez une fois profondément
 et faites-attention!
parce que, ce n'est pas le but de cette fête
 si, vous êtes un vrai adepte de Jésus-Christ
et veut le faire content
 puis, suivez sa voie
et aidez les gens dans le besoin,
 jurez de ne jamais heurter les autres
et étendez le bonheur
 autant que possible
dans la vie de les uns les autres
 d'avoir un beau Noël!
Joyeux Noël!

Les ressemblances entre les saisons et la vie humaine

Il y a quatre types des saisons en France
 caractérisées par le climat et l'état de la nature
on les appelle
 le printemps, l'été, l'automne et l'hiver

Quand, la température s'adoucit
 les fleurs et les fruits poussent
qui vient après l'hiver et avant l'été
 ce sont les caractéristiques
qui définissent le printemps

La période la plus chaude de l'année
 qui suit le printemps
et précède l'automne
 par cela, on distingue la saison d'été
qui commence le 21 ou le 22 juin

et se termine le 22 ou 23 septembre

Les feuilles jaunissent et tombent
pendant ce temps
qui vient juste après l'été
quelquefois, cela accompagne aussi la pluie
c'est le temps
qui est appelé la saison d'automne

Saison la plus froide de l'année
qui suit l'automne
et précède le printemps
ce sont les points principaux de l'hiver
qui commence le 21 ou le 22 décembre
et finit le 20 ou le 21 mars

On trouve beaucoup de ressemblances
entre les saisons et la vie humaine
je vous explique, comment?
à partir de maintenant:

L'environnement témoigne partout
l'écho du cri de joie, de voix douce des gens
et ils se trouvent, tous
très proche du cœur
on les appelle rafraîchissants comme le printemps

Quand qqn a l'air triste, en colère
on le considère
comme sec et chaud de l'été

Les gens commencent à sortir
de la tristesse, des problèmes
et essaient de chercher le bonheur
ces gens sont considérés
comme la saison d'automne
parce que, on trouve le même
pendant cette saison
les plantes bourgeonnent
en laissant les vieilles feuilles

Si vous donnez l'apparence
cool et calme
on vous considère froid et doux
comme l'hiver

Est-ce que les explications sont claires
de la question dessus?

Le changement
dans les saisons et la vie humaine
nous donne l'apparence
et dit le fait fort
"changement est la règle du monde"

C'est-à–dire:
n'ayez pas peur
si vous entourez par des problèmes
bientôt ou plus tard
votre visage resplendit de bonheur
promettez-moi
et commencez à penser comme cela
vous ne serez jamais rencontrer
la tristesse dans la vie
à l'avenir
Quelle bonne idée!

Bonne Année

Nous faisons le réveillon
la nuit du 31 décembre
pour accueillir la nouvelle année
chaleureusement et avec beaucoup de bonheur

L'année qui commence
avec les bonnes volontés
par exemple:
d'exécuter de bonnes choses
avec plaisir,
rencontrez les problèmes
avec plein de courage,
de ne pas répéter
des activités mal du passé,
de réalise tous projets
au temps à venir,
d'aider aux gens
qui ont besoin d'assistance
de façon désintéressé
ce sont les meilleurs souhaits
qui marquent
le début de la nouvelle année

Ce jour a beaucoup d'importance
qui apparaît 100% vrai, selon l'expression
Bien commencer, amène à bien terminer
qui est le but principal de tous les gens Le D-Day,
qui font beaucoup de souhaits
au premier jour de l'an
avec l'intention de réaliser tous
au cours de l'an
on va
aux temples, les églises, les mosquées...
pour accomplir tout cela
avec les bénédictions
de Dieu, Jésus-Christ, Allah...
sans aucune obstacle

C'est le jour

quand tous les visages
donnent la même apparence
un visage souriant en confiance
et transforment eux-mêmes
comme l'expression suivante
cœur content embellit le visage
avec la détermination forte
de vivre la vie avec le bonheur infini

C'est aussi le jour
qui renforce la relation
et quand même, si vous voulez voir
des gens de différentes
nationalités, les religions, les castes...
ou bien, les pauvres et les riches ensemble
c'est l'occasion
quand, tous apparaissent sous le même toit
avec la fierté et la confiance
de faire tous bien
à l'année prochaine
bonne année et bonne santé!

Le père de la nation
"Mahatma Gandhi"

Je parle d'une personne
qui était une des grandes personnalités du monde
un saint, un meneur national
et l'apôtre de la non-violence
qui naît en 1869 à Porbandar
une ville, située à l'état du Gujarat de l'Inde
on l'appelle "Bapuji"
qui voulut la paix au monde
et lutta pour la vérité et la justice,
la vie entière
son père Karamchand Gandhi
était le "diwan" de Porbandar
et la mère Putlibai, une femme religieuse
c'est le père de la nation
qui s'appelle Mohandas Karamchand Gandhi

Il était un homme bien éduqué
et un avocat par le métier
qui s'est marié à l'âge de 13 ans
avec la jeune fille "Kasturba Gandhi"

Sa vie révolutionnaire
pour la cause sociale
commence en 1893 en Afrique du sud
où il a fait "satyagraha"
contre la discrimination des Blancs
vers les Indiens

et obtient les droits importants pour eux

Il prêtait toujours à aider aux gens
des amis ou bien des ennemis
entre 1897 et 1899
quand, il y avait la guerre
contre l'Angleterre
il a beaucoup aidé
les gens en blessés
en mettant sa vie en danger
et en 1897 et en 1899
pendant le temps
de la sècheresse en Inde
il a demandé la charité en Afrique
pour aider les gens en souffrances
et appréciant ses travaux
vers les gens souffrirent du plague à Durban
le gouv. d'Angleterre lui a décoré
avec l'honneur "Kaiser-e-Hind"
vraiment, il était un homme
qui cherche toujours le bien des hommes

Après être rentré en Inde d'Afrique
il a activement participé
à la vie de son pays
il a fait construire en 1916
près de la rivière "sabarmati"
son centre principal du travail
qui a inspiré
des milliards des gens
pendant la guerre indienne de l'indépendance
et même, aujourd'hui
en 1917,le quartier champaran du Bihar
a témoigné son "satyagrah"
contre les actes brutaux des "zamindars"
vers les fermiers blancs
et le mouvement non-coopération
a commencé en 1920
d'unifier les communautés
des Hindous et des Musulmans
pour lutter contre les injustices du gouv.
et aussi avec le but
de refuser des produits étrangers
pour établir "swaraj"
en 1924,il était au jeûne
pour la durée de 21 jours
d'arrêter des émeutes
pour contraindre les Anglais
à laisser l'Inde
il a mené un mouvement célèbre en 1942
c'est le mouvement
qu'on appelle "Quit India Movement"

Il a donné de meilleures instructions
contre le racisme,
la croyance dans la supériorité
d'une caste sur les autres...
et travailla pour l'unité
des hindous et des musulmans
au péril de sa vie

Finalement, c'était le résultat de ses efforts durs
que l'Inde a gagné l'indépendance le 15 août 1947
mais, malheureusement
juste après avoir fêté
le jour de l'indépendance
l'année suivante,
le 30 jan.1948
le leader national resta en silence
et nous a laissé choqués
vraiment, il était un héros légendaire

La vérité forte:
Gandhiji mourut
mais, il est toujours vivant
par ses principes réconfortants
qui influencent des milliards des gens
même aujourd'hui

Par ce poème,
je rends hommage au courage
de notre leader national
Mohandas Karamchand Gandhi.

La mangue
"roi des fruits"

Moi, c'est le roi des fruits
comme le printemps parmi les saisons
une fois, vous goûtez du jus
vous allez oublier
les noms, les goûts des autres fruits
je fleurs en été
pour rendre les gens cool et calme
avec le jus rafraîchissant
contre la chaude insupportable de l'été

Les gens m'appellent
par deux noms
"Aamre" et "Rasal"
(ces mots viennent du sanskrit)
Aamre, c'est mon nom propre
et Rasal
parce que, je contiens beaucoup de jus

Je trouve presque
partout au monde
surtout aux pays tropicaux
aux différentes variétés
plus d'une mille
parmi quels: Alphanso, dushari, langra...
sont très célèbres
et la langue cherche toujours
d'avoir une goûte du jus
grâce à mon goût
et la popularité à travers le monde
le gouv. m'a donné la chance
de trouver une place
sur la carte postale,
coûte 50 monnaie

je remporte beaucoup d'argent étranger
parce que, je suis très connu et apprécié
aux pays étrangers
toutes les parties d'un arbre
les branches, les feuilles, les fruits...sont sacrées
et la culte n'accomplit jamais
sans leurs présences
Quelle valeur sacrée!

Plusieurs poètes m'ont donné
la place dans ses poèmes
appréciant et considérant
mes valeurs importantes
par exemple: Aamir khusro
Depuis longtemps
le bois, l'écorce utilisent
pour fabriquer des meubles, des papiers...
et faire du feu pour préparer la cuisine
surtout au village
je suis très riche
aux vitamines (A,D), les minéraux…
Quelle grande importance!

Des faits importants et intéressants
liés aux pays étrangers et leurs habitants
vers moi

Parmi les Européens
Sikander était le premier
qui m'a goûté
et devenu fou de jus

Au VIIe siècle
quand, Hieuen Tsang
rentré au Chine d'Inde
il m'a présenté aux Chinois

Au XVe siècle

je suis devenu populaire
parmi les pays d'Afrique et le Sud d'Amérique
grâce aux portugais
qui m'ont emporté
pendant leur voyage
et peu à peu
partout au monde

L'attachement des célèbres personnalités du monde
vers moi,
est lisible et visible
dans les pages de l'histoire
En Russe, le président Mikhail Gorbachev
En Angleterre, le premier ministre Margaret H.Thatcher
ou En Amérique, le président Ronald Reagan
ma présence était obligatoire dans leurs assiettes
et bien sûr, aussi dans nos assiettes.

La Fête "Deepawali"

La fête qui transforme
l'obscurité en lumière
la tristesse au bonheur
et, accueille la déesse "Laxmi"
qui est considérée
comme, la déesse de la richesse et de la prospérité
C'est le jour
qui donne la chance de savourer
des bonbons délicieux 'gujiya'
c'est la fete qu'on l'appelle "deepavali".

Depuis le lever du soleil
jusqu'à minuit
il y a seulement la présence
de bonheur, la satisfaction...
tout le monde se donne
corps et âme à l'un l'autre
avec le but d'être content
et d'avoir un visage souriant
vraiment, cette fête amène
tout le monde sous le même toit

Dans le temps actuel
quand, personne n'a de temps
de penser des autres
mais, grâce à cette fête
tous se rencontrent joyeusement
et essaient de créer un monde
où, on peut trouver
l'unité et la fraternité
parmi l'un l'autre

Pensez de faire
une fois des choses suivantes
à partir de maintenant
jurez avec moi
de transformer chaque jour
comme la fête “Deepawali”
je sais ce n’est pas possible
d’éclater des pétards, chaque jour
mais, mes amis
on peut essayer d’étendre le bonheur
qui est le but principal de cette fête
en aidant aux autres
dans les situations difficiles
si, on peut!
essaie un peu pour voir!
vous savez de moi
je suis prêt à tout essayer
au moins une fois
bien sûr, sauf des choses mauvaises

A la fin,

Si vous allez réaliser ma requête
puis, vous pouvez trouver partout
la signifiance
de la devise de la république
liberté, égalité et fraternité
qu’on ne voit pas normalement
je vous souhaite
joyeux et prospère “Deepawali”

La Fête “L’Eid”

C’est la fête religieuse
et la plus sacrée des musulmans
qui est célébrée au mois de Ramadan
pendant lequel
ils doivent jeûner entre
le lever et le coucher du soleil
et se passe
pour la période de trente jours
après cela, quand ils voient la lune
le jours suivant
on célèbre la fête
qui s’appelle l’Eïd
avec un grand bonheur
et beaucoup d’amour
Joyeux Eïd!

Le D-Day
les gens portent des habits élégants
qui apparaissent aux différentes couleurs
de l’arc en ciel

et chacun va à la mosquée
  pour prier Allah!
et lit “namaz”
  après cela, l’Imam lit “Khutba”
qui exprime l’importance de “Fitra”
  et puis, les gens s’embrassent vivement
en saluant “Eïd mubarak, Eïd mubarak”
  c’est le bon moment
qui paraît
  comme, il n’y a pas de sentiments
de la haine, la revanche...
  juste la présence
de joie, de paix parmi l’un l’autre

Ce n’est pas seulement la fête religieuse
  mais, c’est aussi le symbole
de l’unité, de la fraternité
  parmi les gens de différentes religions
L’Islam, La Catholique, La Protestante...
  et ils se rencontrent au visage souriant
en oubliant les mauvais sentiments
  avec la croyance forte
de vivre la vie avec le bonheur
  et tout le monde jure d’aider
l’un l’autre dans le besoin
  Quelle meilleure qualité!

L’environnement, le peuple perdent
  dans la célébration de cette fête
et la foule
  apprécie la diversité, la beauté de la foire,
achète des vêtements, mange des plats délicieux
  et mes amis
toutes sortes de bonnes choses
  qui se trouvent ce jour, dehors
avec le but
  de faire la foire pendant toute la nuit
parce que, selon Nazir Akbarabadi
  les sentiments de joie
qu’on se sent à l’Eïd
  on ne se sent pas à d’autres fêtes
Quelle grande importance!

La maison

C’est un endroit
  cherchez par tous
d’avoir la paix, le bonheur
  après avoir supporté
la douleur, le bruit insupportable

de dehors
une fois vous entrez
à la maison
vous allez devenir
cool et calme
comme le climat agréable
qu'on trouve
juste avant et après
le lever du soleil
Quelle belle maison!

Tous apparaissent
très proche du cœur
les membres et tous
qu'on trouve chez nous
et les aspects négatifs
comme: l'inquiétude, la tension...
disparaissent complètement de la vie
les meilleurs sentiments
qu'on se sent à la maison
nous rendent rafraîchir
comme la pluie rafraîchit l'atmosphère,
au printemps
qui ne trouvent pas d'ailleurs au monde
Quelle belle atmosphère!

La maison a le même statut
comme un temple
tous les deux apparaissent égaux
comment, savez-vous?
selon leurs caractéristiques propres
qui montrent beaucoup de ressemblances,
entre eux
la présence de paix, l'ambiance
dans chacun d'eux
au temple, le dieu donne
des bénédictions aux adeptes
comme les bénédictions des membres âgés
vers leurs cadets à la maison,
les sentiments de l'amour
entre l'adepte et le dieu
apparaissent comme les membres
prennent soin de l'un l'autre à la maison
avec la grande affection,
ce sont les meilleurs liens
qui amènent le temple et la maison
au statut égal

De nos jours
les incidents mal
se passent à la maison
qui détruisent
l'ambiance de chez nous
par exemple:

la lutte entre les membres
d'avoir la possession de la propriété,
les mauvais arguments
sur le sujet du mariage
parce que, les fils veulent se marier
contre les volontés des parents etc.

Je lance un appel à tous
qui font ces crimes
arrêtez cela dès maintenant
et essayez de discuter
tous avec vos parents
avant de faire
des choses comme cela
qui peuvent rendre
la situation mal à la maison
et mes amis
c'est un endroit sacré
et que l'on doit respecter totalement.

La fête "Holi"

Quand les visages brillent
et les corps mouillent
en plongeant dans la mer
des sept couleurs de l'arc-en-ciel
se passent au mois de mars
quand on célèbre la fête des couleurs "Holi"

L'atmosphère paraît très gaie et chaleureuse
comme les arbres fruitiers fleurissent au printemps
par l'odeur agréable des plats délicieux
de différentes variétés et des goûts
qu'on prépare avec tendresse
pendant cette fête de solidarité "Holi"

On voit et entend partout
les visages souriants
et le cri de joie,
pas d'ennemi, pas de tension
seulement la présence
des amis et de bonheur
chacun a le cœur en fête
et tous se rencontrent
sans frontières des religions, des castes...
et plongent ensemble
dans la mer d'amour, de joie...

il y a une petite histoire,100% véritable
qui évoque la raison principe
pourquoi on célèbre la fête du bonheur "Holi"
je parle d'un adepte "Prahlad"
qui appelait toujours

le nom de dieu "Vishnu"
que les malfaisants n'aimaient pas du tout
par conséquence,
une sorcière s'appelle "Holika"
essaya de brûler Prahlad
mais, à cause de ses pires méfaits
elle brûla elle-même
et cela exprime clairement
la signification de cette expression
on récolte ce que l'on sème
et vous savez bien
l'homme fait ce qu'il peut
et le dieu ce qu'il veut
cela vaut dire:
Holika fit ce qu'elle put
mais le dieu fit
ce qu'il voulut
en punissant la sorcière "Holika"
qui a fait du mal à l'adepte Prahalad
en essayant de le tuer
sans aucune raison valable
Joyeux Holi!

Le jour de l'enseignant

C'est difficile à trouver
des mots propres pour décrire le D-Day
parce que, l'importance du jour apparaît
plus que, le besoin de l'âme
pour un corps
personne ne peut devenir
un homme de bel esprit
sans devenir son disciple
pour qui, on fête ce jour mémorable
avec énormes respects et l'amour passionné
et bien sûr,
pour qu'on devienne un homme à succès
à l'aide de ses meilleures bénédictions
au monde de concurrence intense

Est-ce que vous pouvez deviner
je parle de quoi?
je parle du jour de l'enseignant
et l'importance des enseignants dans la vie humaine
Oh! Quel grand jour!
Quelle importance!

Vous serez toujours
supérieur aux autres
parce que, personne ne peut
même, fait une comparaison avec vous
comment savez-vous?

grâce à votre position qui est incomparable
et aussi, le but est seulement d'étendre
de meilleures connaissances
qui existe sans hiérarchie au monde
vraiment, c'est impossible de trouver
qqn. comme vous
qui consacre chaque moment de la vie
pour enrichir notre vie
par l'enseignement superbe

Une question m'inquiète beaucoup
et m'oblige à penser
comment qqn. peut travailler
toute la vie pour le développement des autres
et même, de façon désintéressée?
quand, tout le monde
pense seulement d'eux-mêmes?
Ouah! Quelle bonne qualité!
c'est le fait fort
c'est pourquoi, on l'appelle
l'incarnation de dieu
pour qui, le bonheur de l'adepte est tout

On sait bien
chaque chose a deux aspects
cela vaut dire, l'aspect positif et négatif
et, bien sûr, De nos jours
on trouve aussi
les aspects négatifs dans cette profession
à cause des gens
étroits d'esprit et des égoïstes
qui utilisent cela
pour réaliser leurs mal projets
qui apparaissent juste équivalent de l'expression
on récolte ce que l'on sème
c'est-à–dire, si vous faites mal
vous auriez le résultat mal
et cela heurte la crédibilité de cette profession
qui est très alarmante
alors! faites attention!

Voyant cela
je lance un appel à tous
qui se destinent
à la carrière de l'enseignement
soyez un homme poli et courtois
pour nourrir bien
l'esprit des autres
par un bon enseignement
traitez cela avec beaucoup de soin
parce que, cela construit

la base des autres et votre pays
vous savez bien
il n'est jamais trop tard pour bien faire
alors, essayez de rendre cette profession
autant glorieuse qu'elle était avant
quand, l'enseignant était considéré comme
l'incarnation de dieu

A la fin,
je vous remercie de tout cœur
pour m'enseigner
dans la meilleure manière possible
qui a figé dans mon cerveau
comme la belle mémoire de ma vie
votre réponse vient toujours du cœur
vraiment ,vous êtes le meilleur
ce n'est pas juste mon opinion
c'est l'opinion de tous les étudiants
qui ont de la chance d'étudier
sous votre meilleur enseignement
les cadets et les aînés
et aussi, les anciens et les actuels.

L'Amour Toujours

Le sentiment, qui me rend heureux,
Quand je me sens ennuyer,
L'attraction, qui me donne la puissance
de bien s'exprimer à mon amour,
l'émotion de l'amour, avec patience
Ce sont les sentiments qu'on appelle l'amour!

Sa présence existe au monde
sous plusieurs formes,
Que l'on peut voir, se sentir
Par exemple,
L'amour entre frère et sœur,
Les enfants et leurs parents,
Et, le plus important,
C'est qu'il réduit la distance,
Entre les différents sexes,
Ce sont les sentiments qu'on appelle l'amour!

Je veux dire à tout le monde,
tombez amoureux de quelqu'un,
Pour éviter, arrêter les mauvais sentiments,
Et,

étendre partout dans le monde entier,
les sentiments de l'amour, le bonheur,
C'est la qualité précieuse de l'amour!

Ayant les profondeurs plus que l'océan pacifique
une fois, si vous passez par ses effets saisissants
vous allez se sentir
comme la vie de luxe au paradis
comment cela rendre une vie triste au bonheur
à l'instant maximum d'une seconde
cela vaut dire:
il marche avec le passage du temps sans cesse
et aussi dans une manière très affective
ce sont les sentiments qu'on appelle l'amour

la vie rappelle ses meilleures souvenirs
quand elle vient au contact de l'amour désintéressé
c'est à dire: sous l'influence de l'amour
partout, on essaie de trouver, se sentir et voir
les choses amicales et aimables
vous allez toujours trouver vous-même
dans un état actif et enthousiaste
comme les oiseaux commencent à pépier au
printemps
cela peut-être, faites-vous s'inquiéter
parce que, vous savez bien
l'attachement de l'amour vient avec le bonheur
mais au même temps
cela, peut vous rendre aussi triste
alors, prenez soin des sentiments de l'amour
et respectez cela comme votre précieuse chose
si vous voulez d'être
en relation de l'amour pour longtemps
ce sont les sentiments qu'on appelle l'amour

Sa caractère est juste comme la caractère d'être humain
si une fois vous faites des choses mal
puis, cela peut apparaître difficile de sortir de cela
c'est à dire:
si vous voulez vraiment établir
le fort et vrai l'amour
puis, promettez -moi
vous ne serez jamais jouer un rôle mal
avec les sentiments de l'amour
qui veulent bouger tout le temps
en transformant la vie de tout le monde au bonheur
ce sont les sentiments qu'on appelle l'amour

si vous n'arrivez pas à comprendre
ou bien vous ne pensez pas comme cela

puis, demandez aux gens
qui comprennent
les sentiments de ce précieux cadeau de dieu
qui ne fait jamais la discrimination avec quiconque
il sait seulement une chose
étendez le message de bonheur
à travers le monde

A la fin,
C'est le plus cher cadeau de dieu,
Qui ne vous rend jamais malheureux,
si vous respectez les sentiments de cela
Alors, j'espère que,
Vous ne jouerez jamais un mauvais rôle,
avec, le plus cher cadeau de dieu,
sauf pour étendre le bonheur, l'amour!

La maladie de faire la publicité

C'est la maladie démoniaque devant laquelle
D'autres maladies paraissent imperceptibles
Comme la fourmi devant l'éléphant
Qui se produit
A cause de perturbation mentale des fous
surtout, dans le contexte indien
à partir de concours de dévoiler des corps
Jusqu'à la manière d'ouvrir la bouche
pour manger hot dog !
Ce qu'on mange, ce qu'on ne mange pas
vis-à-vis aux autres
Comment regarde-il/elle? les filles, les garçons
en tournant les yeux à l'angle de 90 degré ou 180
la respiration avec quelle vitesse
et bien sûr, avec quel geste
tous trouvent l'espace
dans le domaine de publicité
Oh, là là !quel dommage !

Les différentes poses
devant les amis, les profs et les petites amies

combien de copains, des copines
les filles, les garçons possèdent-elles/ils ?
à partir de mouchoirs jusqu'au bandeau
la manière de marche,
tous trouvent l'espace
dans le domaine de publicité
Oh, là là! quel dommage !

Comment se lève-t-on ou s'assied-t-on?
avec combien d'enthousiasme, la difficulté
qui lit quoi
et, combien de temps passe-t-on devant les livres ?
qui ont des similarités jusqu'à quel pourcentage
en ce qui concerne leurs acteurs, des actrices préférés
tous tombent
dans la liste des sujets
pour faire la publicité !

Dans ce concours de publicité
qui petit à petit
Mettra un point d'interrogation
devant notre existence
jusqu'à ce que
on ne commence pas à vivre
dans le monde réel
où tous agissent
selon leur propre nuance
sans laisser couler
dans la mer des fausses publicités
Sans avoir une raison concrète
Qui donne
Seulement les résultats néfastes
Un exemple récent de cela
Le festival culturel de nourriture
Où les barbares
Font la publicité
En offrant des aliments
Qui peuvent heurter

Les sentiments des autres
Je vous demande une seule question
Est-ce que c'est nécessaire
De faire ce type de publicité
Personne ne vous dérange
Si vous faites cela d'une manière privée (chez vous)
Sortez-vous de manie de la publicité
Pour la raison de l'humanité
S'il vous plait !
Les lettrés doivent enseigner
Aux gens inconscients
La valeur du concept de l'état représentatif de **Kant**
Pour qu'ils puissent commencer à penser
Aux résultats de leurs propres actes
Avant de les exécuter
Et pour les faire sortir du concept de l'intellectuel erreur de **Locke**
En absence de propre raison.
Avec un peu de lumières sur le champ des désirs d'**Epicure**
Pour qu'ils puissent savoir à différencier
parmi les désirs naturels, les nécessaires et les vains
Pour trouver le bonheur et la tranquillité
Dans la vie.
C'est une requête
Acceptez avec une détermination forte
Pour briller l'esprit avec des pensées justes.

Quelle sorte de l'éducation reçoit- nous De nos jours ?

Quelle sorte de l'éducation reçoit- nous
De nos jours !

Je m'interroge sur cette question
Apres avoir fait face
aux circonstances pathétiques innombrables
Qui nous mettent à la barre
Avec plusieurs évidences palpables
Qui questionnent les rites
Que nous avons reçus dans la vie
De la part, de l'éducation, des familles
Car, Nos actes apparaissent tellement honteux
Qu'il y a seulement une solution
Trouve dans ma tête
Pour se repentir et c'est
Se noyer dans un verre d'eau
Que pensez-vous ! oui ou non ?

Je commence avec les familles
Qui témoignent plusieurs pratiques perfides
Où, les parents ne trouvent pas le respect
De la part des fils
Pour qui, ils ont tous sacrifié
Le bonheur, la paix et la vie
Les descendants se moquent d'eux
En les adressant les vieux,
Comme si 'ils restent jeunes la vie entière
Et les laissent dans les Maisons de retraite
Citant, ils sont inutiles à ce stade
Et prêtent à faire la vive querelle
Sans penser une fois
Ce sont eux qui les amènent sur la terre
Et leur offrent tous sortes de conforts
Et, bien sûr ! les élèvent dans une meilleure manière
Pour rendre leur vie à l'aise !
Eh, merde ! pour tels fils.
C'est pourquoi,
Je m'interroge sur cette question.
Quelle sorte de l'éducation reçoit-nous
De nos jours ?

Dans la vie universitaire :
Le commencement avec le réfectoire
Parce que c'est l'endroit
Où, les rencontres commencent premièrement du jour !
Observant, les comportements
des étudiants vers des travailleurs
Seulement, un mot qui me frappe
C'est le barbare, le barbare, le barbare…
Pour réaliser leur but de'' manger comme quatre''
Ils demandent toujours aux serveurs de plus, de plus…
Et les abusent si les serveurs montrent leur désaccord
Quelle honte ! Quelle honte ! Quelle honte !
Juste ! pour la nourriture, la nourriture, la nourriture…
Et, même les menacent de se plaindre d'eux aux supérieurs
Sans penser leur obligation
C'est le pire !le pire !le pire !
C'est pourquoi,
Je m'interroge sur cette question.
Quelle sorte de l'éducation reçoit-nous
De nos jours ?

Dans les rues ou bien les endroits publics
La manière dans laquelle on réagit
Voyants les mendiants, les ouvriers
Comme ils appartiennent à un autre monde
Et ces gens méritent seulement
Les actes de l'extrême sauvagerie.
On n'échange aucun mot
Pas de question de comprendre leur problème
En les considérants marginaux
Mais discutent toujours
L'inde est un pays en voie du développement
Où il y a beaucoup de chômage, la pauvreté
Quel dommage !quel dommage !quel dommage !
C'est pourquoi,
Je m'interroge sur cette question.
Quel sorte de l'éducation reçoit-nous
De nos jours ?

Payer ou périr !

L'Inde est une terre sainte de festivals
Que les Indiens célèbrent
en gaieté, avec grande pompe et l'enthousiasme
qui a été une tradition séculaire
dans la culture indienne !
ouvertement religieuse !
pour faire un don sans réserve
en raison de fêter les fêtes
avec tant du bonheur !
Les gens sont d'humeur optimiste
et restent occupés des plans pour le grand jour
et chaque telle occasion détient une importance particulière
dans la vie des gens.
Mais, Voyant le scénario actuel
Une question me frappe

Apporte-il nécessairement la joie pour tous ?
il ne me semble pas du tout !
Que pensez-vous ?
Comme, l'esprit est gâté
par les demandeurs de don en guise de pseudo « bhakts »
dont leurs lourdes exigences arrachent
le souffle de certaines personnes innocentes
C'est vraiment condamnable !condamnable !condamnable !
Ces antisociales y voient l'occasion de fonctionner
comme les gens bien intentionnés
au nom de festivité
pour cacher leur intention déplorable.
On peut facilement voir les élevés « pandals »
et les lumières rougeoyantes sur les boulevards
à chaque coin et recoin de la ville !
Mais avez-vous déjà pensé
comment il a été possible pour les organisateurs

de les organiser à grande échelle ?
on accorde du crédit aux organisateurs pour cela,
qui obligent les gens à cracher de grosse somme !
sous le nom de bonne cause des dons
ils ont recours à différentes techniques
pour répondre à leurs demandes catastrophique
comme : À tous les râteliers des automobiles ou de pousse-pousse
les chauffeurs sont menacés
et même! Contraints de donner de l'argent
avec ou sans le reçu.
Quelle bêtise ! au nom des fêtes sacrées !
Ils forcent les entreprises publiques, privées, les magasins
pour livrer de l'argent.
Si cela n'arrive pas, alors ils sont menacés
avec des conséquences désastreuses.
Chaque coin et recoin de la ville est inondé
des demandeurs insensés d'aumône

La question se pose ici,
Combien un homme ordinaire peut se permettre ?
leurs gains durement gagnés sont arrachés
pour exécuter « puja » de façon extravagante, toquée
Les cris des gens sont célébrés
et leurs gains sacrifiés avec charbon de bois
au nom de « puja »
Il est ridicule de s'attendre Dieu
Avec le but de lui rendre heureux
par les actes condamnables
sous les noms des festivals
pour verser les bénédictions de la part des dieux
après un tel désordre !
Quel dommage ! Quel dommage ! Quel dommage !
Il n'y a pas besoin de cette éblouissante lumière,
les sons très agaçants des haut-parleurs
pour adorer Dieu,
il nous faut juste vraie foi
en notre cœur et rien d'autre
En fait, la vérité amère, c'est-

les « bhakts » de « kalyug » récoltent des dons
pour la construction des « pandals » et des idoles,
mais ils sont dépensés
sur le plaisir, de divertissement et de réjouissances d'eux
Cette action ralentit l'économie et
la croissance des personnes
pour qui la saison festive
se transforme en cauchemar
à cause de pseudos « bhakts »
et leur action coupable !!!
La menace s'intensifie des proportions alarmantes,
avec chaque année qui passe !
En course rapide d'aujourd'hui
de laisser d'autre derrière,
la société humaine a remué ciel et terre.
Et, ce que j'ai parlé jusqu'à présent,
est un exemple concret des évènements précédents
Dans la course d'être construire « pandals »
plus grands et plus splendides que les autres,
les organisateurs n'hésitent pas même à commettre des crimes
tels que de menacer, harceler, humilier…
la manipulation des gens ordinaires pour l'extorsion de fonds
C'est tout à fait une ironie pour le pays,
comme l'Inde où les millions de gens boivent de l'eau
pour tromper la faim
porter le coton dans l'hiver froid et d'avoir le ciel comme le toit
pour s'abriter de l'été caniculaire,
ce type d'extorsion de ceux
qui peuvent donner et aussi ceux qui ne peuvent pas
est vraiment un acte néfaste
Et pourtant, personne ne regarde de l'autre côté de la médaille
Qu'au-delà de ces splendeurs brillantes,
il y a des ténèbres pour ceux
dont la sueur et sang est gaspillé de cette façon.
Est-ce la forme de Don aujourd'hui ?
Réponse est certainement non.
Soit le don vraiment Don
sur la volonté propre du peuple

avant de prendre quelques autres dimensions.
Si la police est en alerte et
maintient un onglet sur le mouvement
de ces soi-disant des collecteurs d'impôts !
la nuisance peut bien être sous contrôle.
Enfin, je peux seulement dire, espérons et prier
que Dieu viendra bientôt à terre
dans un nouvel avatar pour vaincre les maux dans le monde.

La Religion ! C'est Quoi ?
La bénédiction ou la malédiction !

C'est un système de pratiques et de croyances
qui concerne la relation entre l'humanité et Dieu
Ou bien, le lien entre barbarie et Eternel
l'un et l'autre (ces deux cas) se trouvent ensemble
c'est la raison qu'on a besoin de
faire face à cette ordre sacrée/vice
pour arriver à une réalité palpable
car, la superstition et la raison
se battent ensemble
pour prouver leur domination
dans le champ des religions !

Elle agit comme un outil
pour nouer des liens avec du peuple
Qui appartient au même credo
Mais crée des sentiments haineux
Si elle se trouve parmi les gens
De d'autres pratiques !
Plusieurs incidents se passent
Devant nos yeux nus
Chaque seconde et dans chaque coin du monde
Le passé était en feu avec les incidents douloureux au nom de la religion
Comme : L'incendie d'un train à Godhra, en 2002
Qui a témoigné les violences communales
les plus meurtrières de l'Inde
ou bien, l'incident récent
de la meurtrie de l'homme par la foule
sur la rumeur qu'il mangeait la viande bovine
qui heurte les sentiments de la religion hindou
La honte !la honte !la honte !
plusieurs incidents attendent en queue
qui racontent la même histoire pathétique
et nous a laissé mal au cœur !

Elle agit comme un symbole de l'oppression
Quand les gens se trouvent
sous la mauvaise influence d'elle
et expriment leur volonté d'abîmer
Par les paroles, des gestes ou la force musculaire
Ou bien, c'est remarquable, voyant
la manière de marche avec le taux de la haine
Comme chaque étape de botte, bouge
Pour détruire l'existence de l'une l'autre
Et nous laisse avec la seule réalité
Nous avons un cœur de pierre !

C'est important de réfléchir
La position de **Machiavelli** envers cette pratique
'' Il place la religion au sein de l'Etat et non au-dessus''
On a le même urgent
De la placer
Comme une manière de vivre
et une recherche de réponses aux questions
les plus profondes de l'humanité
au lieu de multiplier des conflits intercommunautaires
Et, développer des sentiments hostiles parmi nous !
Comme : **Cicéron** dit à l'égard de la religion
« le fait de s'occuper d'une nature supérieure
que l'on appelle divine et de lui rendre un culte »
donc, respectez le grandeur de dévotion noble
pour le meilleur de tous !

Depuis quelques temps,
Un autre concept pernicieux
nait certainement des pratiques
c'est le processus de la « conversion religieuse »
elle a une dimension spirituelle
la liberté de l'individu de suivre sa foi,
mais, déclenchez à l'occasion d'un éveil spirituel
à cause de conversion forcée
comme la conversion par la violence ou la charité
Qui laisse les gens avec les yeux apparaissent rouges
Parce que pour eux, c'est la question
De la puissance et de la faiblesse
C'est pourquoi on voit
Un concours parmi les gens de différentes religions
D'augmenter la population
Quelle pitié pour cette pensée étroite !
Et prêtent à tuer
S'ils font face aux gens qui ont accepté cela
Et, Continue à provoquer des sentiments de l'aversion
Avec les concepts tels que'' ghar wapsi,''
avec toute la force
parmi les peuples !!!

Tout seul !

C'est le destin sans compagnie

D'après, des dictionnaires

Et, la voix des millions de gens

Mais selon moi, à vrai dire

Il nous donne une impression

tout à fait, l'inverse,

C'est la position

Qui nous fait voyager

Avec millions de pensées, des affections

(les critiques disent C'est possible, Grâce à votre présence dans les groupes Mais, en réalité, c'est juste grâce à vos meilleurs amis i.e. les livres, les textes et la solitude)

De plusieurs sortes

tous apparaissent très proche du cœur

en toute liberté

Qui nous touchent toujours

Quand on trouve seul

A la vitesse de supersonique !

Et, on se sent toujours…

en paix avec soi-même

même si, parfois, on n'est entouré par des soucis

parce qu'on essaie de chercher les solutions, au niveau personnel

au lieu de plonger

dans la mer des confusions

en enfermant

Dans l'entourage de foule

Où, rien ne marche

Sauf l'idée vague

A cause de centaines d'interprétations

Même après avoir investi

Beaucoup d'énergie !

Tout seul, vous pouvez errer partout (physiquement et mentalement)

Sans aucun obstacle

Mais en présence de qqns.

Il y a toujours des épines au chemin

En raison de plusieurs choix

Mais pas de clarté

Quel pitié pour le groupe !

J'ai des doutes derrière l'authenticité de la pensée

''L'homme est un animal social'' qui me gêne beaucoup

Pourquoi on a besoin de bande

Même si, cela ne nous donne pas

Le sens de partage

Quand on trouve en compagnie !!!

Les gens qui restent tout seul

Sont vus comme les défavorisés

Et récompensés avec plusieurs pseudonymes

Comme : fou, psychopathe, égoïste

Sans mettre en considération

leurs points de vue, le crève-cœur

cet état n'arrive pas

au battement de paupières

mais, après avoir fait face

aux bestialités de

ce jeu de foule !

dans lequel, il y a seulement le frimeur

des sentiments de secours, de l'union

mais en réalité, seulement, une choses fait l'écho

dans chaque l'esprit

comment laisser les autres derrière

pour atteindre le premier rang

vous allez éprouver cela

dans votre vie en solitude

en faisant remue-méninges

sur les différents aspects du groupe.

Mes pressentiments ne sont pas

Contre le concept du groupe ou bien le partage

Comme on dit ''l'union fait la force''

Pour arriver à une décision efficace

Mais, on doit aussi respecter

La position et les sentiments de seule

Avec la même bonne humeur

Qu'on verse parmi nous

Etant dans une foule!

On laisse couler toujours

Dans les vagues de collectivité

Sans toucher l'âme du sujet

Qui est possible seulement

Lorsque vous vous retrouvez seul

Parce que cette situation de la horde

Nous fait approcher souvent

Aux circonstances difficiles

En absence d'assez de réflexion.

Quel état bizarre du groupe !

La liberté de rester seule

Avec toute fierté

Doit accorder à tout

Sans aucun jeu de blâme

Dans chaque étape de la vie

Et, Pour sentir la valeur

De cette vie incroyable

Vous devez avoir une expérience

De vivre la vie tout seul

Une fois dans la vie.

L'obéissance

Cette notion de respect
Qui comprend beaucoup de soi et de la mollesse
Avec la seule disposition de la politesse
de rendre nos supérieurs à l'aise
pour que, les deux(nous et nos supérieurs)
mettent du beurre dans les épinards
dans la manière cool et calme !
chaque coin du monde
et chacun parmi nous
fait témoigner
l'odeur agréable et des goûts
de cette formule de politesse ravissante
d'avoir la belle vie
et, bien sûr, bien gagner la vie
en plongeant dans ce travail de sagouin(100%)
de gagner et donner l'obéissance !
C'est la magie de cette formule de respect!!!

Mais, sous l'impact de cette obéissance
On va très loin de la vie raisonnée
Et dit,
ainsi va la vie
quelle ironie de la vie !
Quoi que : les fils, les filles
Devant les parents
Les étudiants devant les enseignants
Les employés face aux employeurs
Partout ce termite s'occupe
24 heures sur 24 heures
De nous éloigner de lumière
En enfonçant dans la vie artificielle
Où seulement les choses anodines, banales triomphent
C'est la réalité précise
de cette formule de politesse !

Au temps actuel,
L'université forme des étudiants pour en faire
non pas des esprits autonomes
mais des experts prêts à être instrumentalisés
quelle catastrophe !
Pourquoi se passent
parce que les étudiants ont oublié
D'étudier avec l'esprit ouvert
en enfonçant dans le réseau de l'obéissance face aux profs.
Même si, les idées restent abstraites
Les étudiants n'expriment jamais leurs désaccords
Sous l'effet de cette notion bizarre
Quelle obéissance !

Le système encourage l'ascension des acteurs moyennement compétents
au détriment des super compétents
parce qu'ils (acteurs moyennement compétents) ne font pas l'affaire
sauf obéir ses supérieurs en tournant la tête
jusqu'à l'angle de 360^0
et pas, des super compétents
car,
ils risquent de remettre en cause le système et ses conventions
quelles pires effets de l'obéissance !

L'esprit critique est aussi redouté
car il s'exerce à tout moment envers toute chose,
il est ouvert au doute, toujours soumis à sa propre exigence.
Quel déshonneur pour bel esprit !
Les employés ne sont pas toujours incompétents
à générer des institutions corrompues
mais ils formatent leur pensée
en fonction des intérêts de ceux qui les emploient
sans penser et réfléchir !
et deviennent victime de cette docilité
La honte !la honte !la honte !

Pour échapper à cette médiocrité d'obéissance

en avoir dans le buffet
Résister d'abord aux petites tentations
par lesquelles
vous allez entrer dans ce jeu
Dire non. Je n'occuperai pas cette fonction,
je n'accepterai pas cette promotion,
je renonce à cet avantage ou à cette reconnaissance,
parce qu'elle est empoisonnée !
Résister, en ce sens, est une ascèse, ce n'est pas facile
Mais, ce n'est pas aussi impossible !

L'insécurité

C'est la maladie mentale qui nous attaque
Sans montrer un symptôme valable
Et, donne une blessure insupportable
A qqn/e qui ne pense jamais à cela
Parce qu'il souffre, sans faire des méfaits
Oui, c'est le fait 100% vrai
Et, rend faux
Le sens du proverbe
« Il faut être deux pour se quereller »
Parce que, elle se trouve l'espace
Au niveau individuel
Sans aucune participation de qqn d'autre
Pourtant, c'est (qqn/e), qui est considéré/e responsable
Quand elle nous attrape
Pour l'emmener dans le monde de l'insécurité palpable
Vous pouvez faire une recherche
Pour vérifier l'authenticité de cette observation superbe.

Elle a créé une grande distance
Comme les deux bords du fleuve
Dans la vie des êtres humains
Quoi que, les rapports
Entre les amis, les membres de la famille
Ou bien, les étudiants-les enseignants, les employés-les employeurs
Tous souffrent de cette maladie mentale
En raison de fossé de communication
Pour perdre notre vie dans le noir
Oh là là quel dommage !

On crée une montagne à l'égard d'autre
Sans échanger avec lui deux mots
Qui aurait nous sauvé
des effets néfastes de cette maladie
que nous fait souffrir aujourd'hui
en enlevant la paix de la vie
La pitié ! La pitié !
Pourquoi on veut étendre
Les effets de cette maladie, à grande échelle
Même si on sait
On est déjà entouré

Par des centaines de problèmes
Communiquez toujours aux autres
Pour clarifier vos ambiguïtés
A l'égard de qqn/e
Sans créer une opinion fausse
Vous-même ou bien
Sous l'influence des autres
C'est la réalité
Appliquez cela
Pour trouver la vérité
A propos de qqn/e
C'est ma requête
Exaucer cela en tout cas !

Le sens de la clarté,
Reste juste un rêve incomplet
Et la confusion devient un ami proche
Sous l'influence de l'insécurité
Rester conscient
Pour faire face bien
À cette maladie mentale
Sans laisser couler dans la mer des vagues
C'est ma requête
Exaucer cela en tout cas !

Développez l'intelligence de communiquer aux autres
Pour trouver une solution amicale
De cette maladie mentale.
C'est terrible de voir
La puissance immense de cette maladie, au temps actuel
Où, On étudie la littérature mondiale, la philosophie de Kant
Prenez vos temps, réfléchissez un peu
Avant d'arriver à une décision définitive
Pour traiter bien cette maladie mentale.
C'est ma requête
Exaucer cela en tout cas !

On ne se trouve jamais
au chemin qui mène vers le développement
si on continue à vivre dans le monde de l'insécurité, en permanent
tous savent, mais peu réagissent
pourquoi ?dites-moi , les inconscients, les pseudo-intellectuels
une raison acceptable.
C'est ma requête
Exaucer cela en tout cas !

Notre l'Inde, Au temps actuel

Un pays du sud de l'Asie

Et, un foyer de civilisations parmi les plus anciens du monde

Comme, la civilisation de la vallée de l'Indus

très divers sur le plan ethnique, linguistique et religieux

où les gens de différentes religions se trouvaient heureux

qui n'ont jamais perdu leurs rituels

même, après avoir passé

centaines d'années sous la torture des Anglais

mais, quand le temps arriva

et, les Indiens ont savouré

le goût de l'indépendance

la situation commence à changer

d'une situation amicale au déplorable

parce que l'Inde arriva

Malheureusement, sous le contrôle des Indiens

Le changement est visible, lisible et horrible

toujours touché par la pauvreté,

des conflits et violences religieuses ou de caste

où, les gens ont attrapée

par la maladie transmissible'' la corruption''

pensent à devenir

un roi, à l'instant

sans peine, sans se donner de mal

juste par de pires méfaits

parce qu'elle fait vous agir

contre votre conscience ou le devoir

A partir d'employé

jusqu'au patron

se trouvent

sous l'influence de cette maladie

et réagissent comme des infantiles

sans penser et réfléchir

d'avoir la satisfaction

même si,

les effets sont néfastes

oh! Là là! Quel dommage!

C'est l'Inde du XXIe siècle.

Où, on trouve deux côtés du pays

D'un côté:

manque des besoins primaires:

la nourriture, les vêtements, le toit...

D'autre côté:

pot de vin, la corruption...

pratique de tout acte illégal

d'avoir la vie confortable !

le faible et le mauvais système du gouv. est responsable

pour tout cela

des idées étroites, mal pensées...des dirigeants

qui pensent seulement d'eux-mêmes

pas au peuple !

les coupables vivent la vie de luxe

et les innocents, la vie pénible

parce que, le système judiciaire fonctionne

comme un aveugle

et totalement, sous l'influence du gouv.

RAS-LE-BOL! On en a assez!

C'est l'Inde du XXIe siècle.

Les religions étendent

Toutes sortes des vices, des pêchées

Pour établir leur domination à l'une l' autre

d'une manière grave et condamnable

Les termites, les barbares prêtent à tuer l'un l'autre

Au nom des religions

Et, tous sont très occupés

Pour défendre la supériorité de leur propre religion

Avec l'aide des pseudos livres sacrés

Sans penser et réfléchir

Les vrais cochons !

Elles(les religions) agissent comme

Un outil de la discrimination

qui détruit la paix

et nous emmène

au monde de violence et la peine

où, nous ne serons jamais content

et notre identité perd toutes nos valeurs

on sait bien

sans identité

on ne deviendra jamais

un membre de la belle société au monde

puis, quelle est la valeur de notre existence

putain! on va être

comme une âme en peine!

C'est la vérité amère

cette discrimination a plongé

notre vie dans le chaos !

C'est l'Inde du XXIème siècle.

C'est le pays,

Où, les politiciens, les riches

Ont la licence

De soulager leur vessie

Sur les têtes des gens communs

Qui sont tellement faibles

Qu'après avoir supporté la douleur insupportable

A cause des actes barbares des politiciens

Ils votent pour eux

Quand ils ouvrent le sac des faux promets devant eux

La honte !la honte !la honte !

Pour tels gens

C'est mieux de mourir

Au lieu de voter pour les démons !

C'est l'Inde du XXIème siècle.

Changer le système éducatif

Où le concours d'apprendre par cœur

tue la créativité des étudiants chaque jour

dans les programmes scolaires

on trouve les choses qui sont seulement préparées avec le but

de nous fournir deux fois de nourriture !

C'est le bon moment

d'introduire les textes philosophiques

pour que les étudiants puissent sortir

de l'ère du perroquet

et commencent à savoir le besoin de faire face à la réalité

avec l'esprit ouvert

qui reste fermer depuis longtemps

La plupart de nous, même ! ne savent pas

la vraie définition de la démocratie

pour nous, le droit de vote exprime une forte démocratie

vous allez choquer quand

vous traverserez par les idées de grec philosophe **Castoriadis**

sur ce sujet

l'investissement de milliards d'euros n'aura aucun effet

jusqu'à ce qu'on n'ouvre pas notre esprit

en lisant les textes intellectuels

Si **Edgar Morin**, un célèbre philosophe français

nous a montré le besoin de changer la vie

avec les preuves concrets dans son livre'' La Voie''

mais, le pire c'est, même on ne le connait pas

c'est inutile de parler de son livre

Réveillez !

N'importez pas seulement les produits de consommation et la destruction d'autres pays,
mais parfois essayer d'échanger aussi
des idées de leurs intellectuels
C'est vraiment bizarre
on s'intéresse seulement à lire
les histoires personnelles des politiciens
et, le point pertinent
le gouvernement a aussi décidé
de remuer ciel et terre
pour implémenter ce projet de rêve
réveillez !
C'est vraiment ridicule de voir la façon dont vous utilisez les technologies,
le meilleur exemple est l'installation de transmission wifi dans les temples
au lieu des établissements d'enseignement
Nous pouvons voir le changement,
au lieu de prières, les gens sont occupés sur ''whats up''
Réveillez, sinon le jour n'est pas si loin
où nous devrons mendier pour notre existence.
C'est l'Inde du XXIe siècle.

L'Inde est tellement
épuisé sous l'impact de mauvais fait
Que je trouve pas la raison
De dire quelques mots
Dans son appréciation.
C'est l'Inde du XXIème siècle.

Réveillez-le chef du gouvernement

Sortez du monde

du luxe, des mensonges, du voyage...

et se confronter à la dure réalité

Écoutez les cris du peuple commun

qui a faim de mourir

couche à la belle étoile

et passe la nuit blanche !

pas de vêtements pour s'habiller

juste, ayant un corps

qui erre comme une âme en peine

pas de sentiments, d'expressions

qui peuvent justifier

il est encore vivant

pensez au peuple

qui vit en tenant à la merci des autres

et, à la fois, plein de peur

tout le temps dans la vie !

essayez de le rendre content

en le fournissant

au moins, les besoins primaires:

la nourriture, les vêtements, l'abri...

laissez l'attitude frimeur

prenez soin du peuple!

Arrêtez de faire des promesses lors des élections

parce que cela nous rend plus en colère

quand on pense aux millions de promesses, faites précédemment

Sont toujours inassouvies!

pourquoi, chaque jour

les journaux remplissent avec les nouvelles des crimes

comme: l'arnaque, le viol, mal-traitement des filles “attentat à la pudeur”

c’est plus que assez

pour montrer la situation terrible de l’Inde

et l’échec du gouvernement

de nous fournir un propre environnement

de vivre la vie paisiblement

protégez-nous

de toutes sortes des exploitations

réveillez du sommeil

et prend soin de nous

qui, jour par jour

mourant au coin de la rue.

L’épouse

Pour qui mari est l’incarnation de Dieu
Et son bonheur, le premier vœu
Suit le chemin d’Allah
« Le paradis de la femme se gagne
dans la fumée de l’accomplissement
du devoir de son mari »
Qui souffre pour lui sans le bénéfice
et prête toujours à préparer ses plats délicieux
pour lui rendre content, rafraichissant
Elle a une façon de sourire
Qui attire le mari

à la vitesse du TGV
et, cela apparait chaque fois
Comme coup de foudre
dépense le salaire de mari
en bijoux, au maquillage…
Et ne dit jamais directement
ses meilleurs vœux
ne cache rien
parce que, tout se passe
Face à face
Sans aucune question d'ambigüité !
C'est la relation sacrée
Où, on trouve
Deux corps, une âme
tous les deux vivent
pour l'un l'autre
avec beaucoup de bonheur !
C'est elle qui accouche
et fais-nous un grand sourire !

La Sœur

Juste par votre présence
Tous les coins de n'importe quoi
La classe, la chambre ou le monde
Commencent à l'écho
Avec un son qui apparait
Plus doux et mélodieux que coucou
Et notre cerveau signale toujours 'oui'
Ce que vous nous dites à faire
Et se passent
Sans penser et réfléchir
Nous avons vraiment de la chance
A trouver sœur comme vous
Qui parait illusionniste
Et fait des choses extraordinaires
Qui semble inexplicables
Vraiment sœur vous êtes la meilleure au monde

Depuis nous vous rencontrons
Rien ne nous fait peur
Pas de l'inquiétude
de faire la présentation
Ou bien communiquez aux autres
Parce que ,quand
Nous vous trouvons devant nous
Ou bien, pensons de vous
Automatiquement,
Nous devenons plein de confiance
Et notre voix
Commence à sortir de la bouche

Sans arrêt
  Comme l'écriture automatique du surréalisme

Nous entendons plusieurs fois
  Un homme de bel esprit
Peut remplir la vie vide
  Avec plein de couleur et de bonheur
Et quand nous vous avons rencontré
  Nous avons remarqué cela 100% vrai
Maintenant, nous ne savons pas où nous sommes
  Parce que, nous n'avons jamais trouvé nous-mêmes
En tant de confiance
  Que tous nos rêves apparaissent
Trop petit devant nous
  Sœur, cela devient possible
Juste grâce à vous
  Nous n'aurons jamais oublié
Vos aides
Qui sont autant pures
  Que l'eau du fleuve sacré ''Ganga ''

Nous avons des respects pour vous
  Autant que nous les avons pour nos parents
Nous vous promettons sœur
  Un jour, quand nous allons réaliser notre rêve
Tout d'abord, nous allons venir devant vous
  De vous remercier
Pour vos aides, les conseils et tout cela
  Qui nous ont beaucoup aidé
A réaliser notre rêve
Et prendre vos meilleures bénédictions
  Pour passer bien la vie professionnelle

Nous n'avons pas autant de pouvoir comme vous
  Mais, si vous auriez besoin de notre aide
Dites-nous sans hésitation
  Sans penser et réfléchir ,s'il vous plait !
Nous espérons, vous serez toujours contente
  Et le dieu va prendre
Soin de vous et vos désirs
  Parce que ,vous faites toujours
Du bien aux autres

Nous n'avons aucune requête à vous
  Parce que vous faites tous
Sans notre requête
  Vraiment, le paradis
Existe sur la terre
  Nous pensons comme cela
Apres avoir trouvé
  Sœur comme vous
Qui rend notre vie
  Comme la vie au paradis
Plein de bonheur, plein de désirs

Vous ne savez pas sœur
Quand, nous vous trouvons triste
Nous pleurons comme une Madeleine
Donc, ne soyez jamais triste

L'amie

Quand elle apparait
L'obscurité disparait
Quand elle parle
La somnolence perd sa dominance
Elle est vraiment étonnante
Qui prête toujours à aider
Si qqn/e a besoin de son aide
Mais, c'est difficile à croire
Dans le monde actuel
Ou, tout le monde pense
Seulement d'eux-mêmes
C'est pourquoi, on lui dit
Vous êtes la meilleure au monde
Qui a un corps de déesse
Et plein de BONS SENTIMENTS
De penchants nobles et généreux
Dieu, nous avons une requête
Réalisez tous ses désirs
Sans ses requêtes
Nous n'avons jamais vu qqne comme elle
Jusqu'à aujourd'hui
Dans la vie entière

Si qqn/e veut savoir et comprendre
La définition concrète de l'amitié
Avec une expérience vivante
Faites l'amitié avec elle
Nous sommes sure
Ça sera être
La meilleure expérience de votre vie
Elle a une qualité exceptionnelle
De rendre malheur au bonheur
Comme, les roses
Commencent à fleurir au printemps
Apres avoir supportée
La chaleur insupportable d'été
Nous n'avons jamais vu qqne comme elle
Jusqu'à aujourd'hui dans la vie entière

Elle a un comportement
Qui est difficile à s'exprimer
Comme dévoilez la secrète de petite amie
Devant les parents
Vous savez pourquoi ?
Autant de meilleures qualités
Trouvent dans son comportement

Que vous ne serez pas
Capable de garder
Dans votre petit cerveau
Dieu, nous avons une petite requête
Dites-elle à nous donner aussi
Quelques qualités d'elle
Si, elle est d'accord
Réalisez notre requête Dieu
Réalisez notre requête !

Joyeuse fête de "Ganesha"

La fête très célèbre et connue
parmi les Indiens surtout, pour les citoyens du sud
qui reste comme un moment
plein de bonheur, de meilleures pensées
tous veulent faire qqch.
intéressantes et formidables
pour rendre content cher Dieu "Ganesha"
et bien sûr, le but derrière cela,
de prendre ses meilleures bénédictions
pour mener la grande vie!
tout le monde aime l'un l'autre
de tout son cœur
parce que, c'est la vérité universelle
Dieu aide toujours
qui étende le bonheur parmi le peuple

L'environnement perde dans la joie
c'est visible et observable
voyant les gens de tout âge
les enfants ou bien les vieux
tous se rencontrent au visage souriant
sans aucune espace de la tension
on entend partout la chanson
"Ganpati bappa morya
mangal murti morya"
avec beaucoup de cri de joie
pour rendre toutes les coins, sacrées
et évitez les effets des choses mal
alors, dites une fois à haute voix
''Ganpati bappa morya"

Dans chaque coin de la rue
on trouve les grandes statues de Dieu Ganesha
qui sont décorées comme
une fille prête pour son mariage
avec beaucoup d'affection, des sentiments...
pour rendre ce jour sacré
mémorable et autant sucré que miel
par ses effets merveilleux

c'est impossible d'oublier
inoubliable goût d'un dessert "Gujiya"
qui a un goût sucré et très délicieux
miam-miam; alors, dites une fois
"Ganpati bappa morya"

Je prie Dieu Ganesha
avec beaucoup d'espoir, la volonté...
et en dernier, mais non par ordre d'importance
avec mes affectueuses pensées
pour le contentement de nous
spécialement, pour vous
parce que, vous enrichissez ma vie
avec vos efforts durs
j'espère, votre vie brillera toujours
comme le soleil, les étoiles...
par les meilleures bénédictions de Dieu Ganesha
alors, dites une fois
''Ganpati bappa morya''!

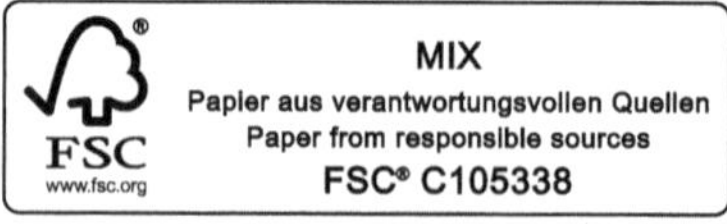

Printed by Books on Demand GmbH, Norderstedt / Germany